エンタの巨匠

世界に先駆けた伝説のプロデューサーたち

中山淳雄

エンタメ社会学者
Re entertainment代表取締役

日経BP

はじめに

日本の黄金時代を作ったのは「天才」だったのか？

時代を彩る大ヒット作品の裏には、ルールや慣習を突き抜けた伝説的な仕事人が存在してきた。彼らを祭り上げることは簡単だ。「彼らは天才だった」、以上。成功者を特別視すればするほど、それは手放しの神頼みと大差がなくなる。

あの頃は天才が続々と生まれてくる時代だった、と一世を風靡したヒット作の背景を振り返る声もある。テレビ、マンガ、ゲーム、アニメ、映画、音楽……。かつての日本エンタメ黄金時代は、それぞれの業界にたぐいまれなる才能が集まってきた結果なのだというわけである。

今ほど「天才」を求める声が強い時代はないかもしれない。日本のエンタメ業界はかれこれ20年以上にもなる長い長い停滞期にあり、一方で韓国や中国は日本を通り過ぎて世界的な大ヒット作品を続々と生み出している。韓国の音楽ユニット『ＢＴＳ』やドラマ『イカゲーム』は世界を席巻するヒットになっている。中国のバイトダンスはＴｉｋＴｏｋで世界中に音楽とダンスをもたらし、100億円を超える開発費をかけて生まれた『原神～GENSHIN～』のmiHoYo社はかつての任天堂のような勢いで世界に冠するゲーム会社となった。

どうか日本からも、我々が世界中に誇って歩けるような大ヒットが生まれてほしい……。そんな期待感が日本には充満している。

「使えない新人」が突き抜ける仕事をした

本書は、日本のエンタメが最も輝いていた時代に最先端にいたプロデューサー、ディレクター、クリエイターたちへのインタビューを通して、伝説的なヒット作品を生み出した思考回路を解明するという試みである。

日本のエンタメ業界が世界的なヒットを生み出せていない状況については終章で述べるとして、本書の出発点には私の仮説というか問題意識がある。

「日本は今、身近な成功事例がないことで、青い鳥症候群よろしく、日本に存在すらしなかった何者かを追い求めているのではないか？　天才が続々と出現することをただ待ち望んでいるのが日本エンタメの現状ではないか？」

本書でインタビューした6人は6人とも、世に送り出してきた作品を見れば、破壊者、革新者、創造者として、「天才」と言えるに違いない。少なくとも凡人から見ればそうだろう。

しかし、彼らは初めから才気走った異能者だったわけではない。普通のサラリーマン、もしくはそれに近いポジションからキャリアをスタートして、「使えない新人」だった時代を経て、突き抜けた仕事をするようになった。強い自我をうまく包み込みながら、組織の中で成果を出し、その成果によって自らを発露させていった人々である。

サラリーマンとしては収まりが悪くとも、それぞれがそれなりの妥協をもってうまくやろうとしてきた。なんとなく優秀だし何かやってくれそうだけど、危なっかしさを抱えたままの「悩める尖った人材の1人」というのが組織の中での評価だったのではないか、と思える。「天才」の大半は、その若い頃から才能の一端は感じさせつつも、あくまで普通のちょっと尖った人材でしかなかった。

「尖り」がもたらす摩擦を許容できるか

「最近の若いやつには、尖ったやつがいなくってさ」という経営者や管理職の言葉を、私は何度聞いてきたことだろう。むしろそう呟く役職者こそが、尖りを許容できずに、その人材に場も裁量も与えることをしていないケースが大半だった。多くの場合、「尖り」はすごい実績をあげた人間に付随される「結果的な」称号でしかなく、それは成功した人間にしか成功の機会を与えないという組織的な自己撞着に陥る呪いでもあった。

「尖り」は、すでにその行動プロセスに表れているものであり、実績によって発掘するものではない。だが行動プロセスにおいて見える尖りは、同時に組織にとっては摩擦を増やし、不安を助長する。

本書でインタビューした6人はみなサラリーマンとは思えぬ起業家然としたところがあり、「雇われ感」を感じさせない。上司が眉を顰めるようなこともしばしば、左遷の憂き目にあった者も少なくない。新人時代に上司の命令を無視して、勝手に作品を作り変えてしまった者もいる。「凡人」の中間管理職からすれば、摩擦を生み出すその「強い自我」は、優秀さの評価を下す前に「手に余る困った人材」で片づけたくなることだろう。

しかし、「凡人」が困ってしまうような摩擦や不安こそ、今までのやり方に対して挑戦がなされているという証である。喧噪もなく全員が温かく同意・支援できるような組織・作品が驚くような結果をもたらしたという事例を、私は寡聞にして知らない。成功を生み出すことができていない組織は、「尖っている」と思われる人材によって生み出される摩擦と不安こそが、脱皮に必要不可欠な成長痛だと捉え直す必要があるだろう。

6人の共通点は「エンタメ脳」

6人のプロセスへの着手の仕方は、全くもってバラバラだった。人によってはゲームのデザインから仕様書まで自分で書き起こすクリエイター気質の者もいれば、人によってはアーテイスト同士をつなげてシステムだけでまわし、実際に自分の手はそれほど入れない者もいる。金勘定もプロジェクトマネジメントもほったらかしで、とにかく面白いものを1人で考えている演出家でしかない、という主張する者もいる。

だから「職種」としてこの6人を包括できる概念は、実は存在しない。共通していたのは、「エンタメ脳」と総称できるような作品作りへの向き合い方のスタンスがあり、それによってなにがしかの既存のルールや慣習を破ってきたという事実である。すごい仕事をする人は、すごい方法論を自ら編み出してきたのだ。

日本人はチームプレーが得意な職人気質と言われることが多い。だがインタビューを通して見えてきたのは、圧倒的な「個としての力」であった。

「尖った人材」は育てるものではなく育つものだ。この点においても、インタビューを通して私は確信をもった。「教育」ではないのだ。

「尖った人材」に、場を与え、裁量を与え、本人の悪戦苦闘を見守れる組織の許容性こそが、今の日本企業に必要なものなのだ。

本書を通じて、日本エンタメ産業のブレイクスルーとなるポイントを少しでも感じてもらえたのであれば、私自身の「企み」は成功したものといえるだろう。

漫画のミダス王 鳥嶋和彦
（元・週刊少年ジャンプ編集長）

『Dr.スランプ』から『ドラクエ』まで、手に触れるものをヒットに変えた

『電波少年』で爆走。ダウンタウンに伴走

狂気のテレビP
土屋敏男

(元・日本テレビプロデューサー)

つちや・としお

1956年生まれ、一橋大学を卒業し、1979年に日本テレビ放送網入社。バラエティ番組の制作に携わるが結果が出せず編成に異動。しかし制作に戻った直後の1992年から手掛けた『電波少年』シリーズは、アポなし、ヒッチハイク、懸賞生活など画期的な企画の連発で、平均視聴率25%という大ヒット番組となり、当時、年間視聴率トップだったフジテレビの追い上げを牽引した(1994年に逆転)。ダウンタウン松本人志の「付き人」のようにフジテレビに出入りをしていたなど、数々の逸話も残している。『ウッチャンナンチャンのウリナリ!!』、間寛平の地球一周プロジェクト『アースマラソン』なども手掛ける。2001年からは番組演出を手掛けながらの編成部長・コンテンツ事業推進部長を経て2006年にインターネット配信の第2日本テレビを推進。2022年に日テレを退社し、Gontentsを設立。WOWOWなど複数社のアドバイザーをしながら、VR技術を使った新しい映像演出に取り組んでいる。

(写真:稲垣純也、撮影協力:かふぇ あたらくしあ)

1 予算を気にしたことはない

いかに毎回違うことをやるか、しか考えなかった

中山　自己紹介をお願いします。
土屋　土屋敏男と申します。1979年に日本テレビに入社してから半分は番組制作、もう半分はそれ以外の制作の畑におりまして、現在は社長室R&Dラボでスーパーバイザーをやっております。44年間、何かしら作ってきました。再々雇用で現在までいましたが、今年（2022年）でそろそろ退職しようかなと思っているところです。
中山　やはり土屋さんといえば『電波少年』ですよね。当時あまりに衝撃の番組でした。視聴率はどのくらい伸びていったのでしょうか？
土屋　右肩上がりでしたね。最初は「アポなし」❶から始まって、ヒッチハイク、❷懸賞生活❸などコンテンツをどんどん変えていって、1993年から98年までずっと上がり続けて、ピークは視聴率30％までいきました。その年の平均視聴率は25％を超えていた。そのあとは下が

り始めましたが、常に新しいことを仕掛けて、走り切った感じです。

中山　土屋さんの番組は私も中学高校時代にテレビにかじりついてみていました。とても個性的な番組でしたが、こういった企画には、どなたかメンターやベンチマークをしているプロデューサーなどがいらっしゃったのでしょうか？

土屋　いえ、特に他をみていた感じではないです。いかに毎回違うことをやるか、いかに過去の自分を超えるかしか考えてこなかったですね。

中山　あれだけ多くのアイデアは誰が出すんですか？

土屋　基本自分ですね。放送作家やディレクターが毎週ネタを出しますが、決めるのは自分1人です。もちろんボールの打ち返しとかディスカッションはしていて、放送作家などといろいろ話しながら進めますが、決めるときに多数決などはしません。100％自分。そこは

❶　アポなし：電波少年を代表する企画で、基本的に事前アポイントなしにロケを敢行する。下剤を服用した松村邦洋が突然有名人宅にトイレを借りに行ったり（失敗して漏らしてしまうこともあった）、日本社会党に乗り込んで委員長の村山富市の眉毛（長くて有名だった）にハサミをいれたり、失敗するケースも含めてネタとなった人気企画。

❷　ヒッチハイク：1996年4月から10月まで半年間をかけて、お笑いコンビ猿岩石（有吉弘行、森脇和成）が香港からユーラシア大陸をヒッチハイクで横断する企画。所持金10万円がすぐに底をつき、日雇いアルバイトをしながらロンドンまでゴールした。

❸　電波少年的懸賞生活：「人は懸賞だけで生きていけるか？」をテーマに、お笑い芸人なすびが懸賞商品だけで100万円を稼ぐ企画。1998年1月から99年4月まで放送された。なすびは企画内容を知らされぬままワンルームマンションに連れていかれ、全裸に座布団1枚だけで生活をスタートさせた衝撃的な企画。毎日200～300枚の懸賞応募はがきを書き、1年かけて100万円を貯めたが、そのまま韓国に連れていかれて「人は韓国の懸賞だけで生きていけるのか？」という後続企画に移行したことは、その是非を含め大きな議論を呼び起こした。

大事なところです。

中山　海外ロケなども多かったですね。（テレビ局の予算が潤沢だった時代とはいえ）コストはどうされてたんですか？　制作予算の社内調整など。

土屋　コストのことは、正直考えたことがないですね。いつもやりたいことを思いついて、予算というか制作費は結果としてこれだけかかりました、というのはありますが、事前に決められた番組の予算に沿って作るということはしたことがないです。

僕は便宜上プロデューサーを名乗ってますが、自分のことをプロデューサーと思ったことはないんですよ。どちらかというとプランナー、ディレクターです。予算を知らないプロデューサーってありえないですから。

「お前は一度も黒字を出したことがない」とよく言われるんですが、テレビの場合は、黒字＝想定される視聴率で想定されるコストの範囲で制作する、ということです。僕の場合はその意味で「一度も黒字を出したことがなかった」んですが、ただ常に視聴率が想定を上回ってきたので特に何も言われませんでした。

「人間としてちゃんとしてるかどうかって、当たる当たらないに関係ない」

中山　それは土屋さんのあまりに例外的な立ち位置を物語ってますね。他業界をみても、サラリーマンでこの感覚で作っていた人はほとんど見たことがありません。

スタジオジブリの高畑勲監督は『かぐや姫の物語』を50億円かけて制作しましたが、過去の高畑監督の実績数字からみたらありえない制作費のかけ方だったと思います。日テレの氏家齊一郎会長[4]の鶴の一声であの映画は始まったんですよね。「俺が死ぬ前に、一度高畑の映画をみたい」というので。

土屋 氏家さんは、僕も1990年代に関わってましたが、「(皆、宮崎駿というけれど)俺は高畑が好きなんだ」ってよく言ってました。

氏家さんは、読売新聞から「数字にメチャメチャ強い経営者」ということで日テレにきて、たぶん相当驚いたんだと思うんですよね。テレビって「普通の会社」とはだいぶ違います。しみじみと「人間としてちゃんとしてるかどうかって、当たる当たらないに関係ないんだな。お前みたいなやつが、当てるんだな」みたいなことを言ってました。自分には番組が当たるかどうかを見極める目がないから、当たりそうなやつを見極めるんだと。

今あるものを超えたいと思って作る人間にとって、最初に予算だとかそういった枠って阻害要因にしかならないんですよ。

[4] 氏家齊一郎(1926~2011):旧制東京高等学校で1年先輩の渡邉恒雄とともに読売新聞を日本一に持ち上げた立役者の1人。1982年に読売新聞常務取締役から日本テレビ副社長に就任し1992年から社長となるや、フジテレビを追い抜いて1994~2003年まで年間視聴率4冠王を達成。スタジオジブリ初代社長の徳間康快と親しく、監督の高畑勲の大ファンで、「高畑さんの新作を見たい。大きな赤字を生んでも構わない。金はすべて俺が出す。俺の死に土産だ」という意向から『かぐや姫の物語』の企画がスタートした。

中山　ゲーム業界で話題になったことがあって、コナミの『メタルギアソリッド』は開発費が膨らんでいって、「4」のときには50億円以上という当時ではありえない金額になりました。そのあたりでコナミも支えきれなくなって、ゲームクリエイターの小島秀夫監督を放逐したというう わさがありました。

土屋　パトロンがいないと成り立たない世界ですよね。経営者というよりはパトロンであってくれるかどうか。僕の場合も、日テレが40年以上パトロンになってくれた感覚のほうが強いんですよね。社員だったという感覚があまりない。どんどん作って、どんどん予算も使ったけど、それに付き合い続けてくれた。

テレビ業界がゲーム業界と違うのは、「同じものは絶対に作らない」というところかもしれません。ゲームはパクりパクられが多い業界ですよね。テレビでももちろんそれはありますが、放送されて1回で流し切りになるコンテンツなので、再利用やＩＰ（知的財産）化の感覚が非常に薄い。その分、「何か誰もやってないことをやってやろう」という志向に向いているメディアだったと思います。

中山　支え続けた日テレさんのすごさもありますよね。テレビ局の中では一番売れていて儲かっている会社というイメージもありますし……。

土屋　いや、中山さんの世代だと知らないかもしれませんが、僕が入社した１９８０年代はフジテレビが本当にすごかった時代なんです。日テレは大きく引き離された2番手、３番手で「後ろを振り返ればテレ東がいる」と言われたように、完全にフジテレビの後塵を拝していました。タレントも人気番組もみなフジテレビが独占していました。

2 おとなしかった13年の潜伏期間

入社からしばらくはダメダメ

中山　土屋さんは、エネルギーの塊だったような印象があります。
土屋　いやいや、全然ですよ。入社からしばらくは、たぶんびっくりするくらいおとなしかったです。欽ちゃん[5]もよく言うんですよ。「お前、ホントに何も言わないおとなしい奴だったのにな」と。1980年代のダメダメだった僕を知っていますから。1990年代に入っ

[5] 萩本欽一（1941～）：1970～80年代にお笑い界の革命児として一世を風靡した。『欽ちゃんのドンとやってみよう！』『欽ちゃんのどこまでやるの？』『欽ちゃんの週刊欽曜日』の3本の冠番組の合計視聴率が100％を超えていたところから「視聴率100％の男」という異名をもつ。

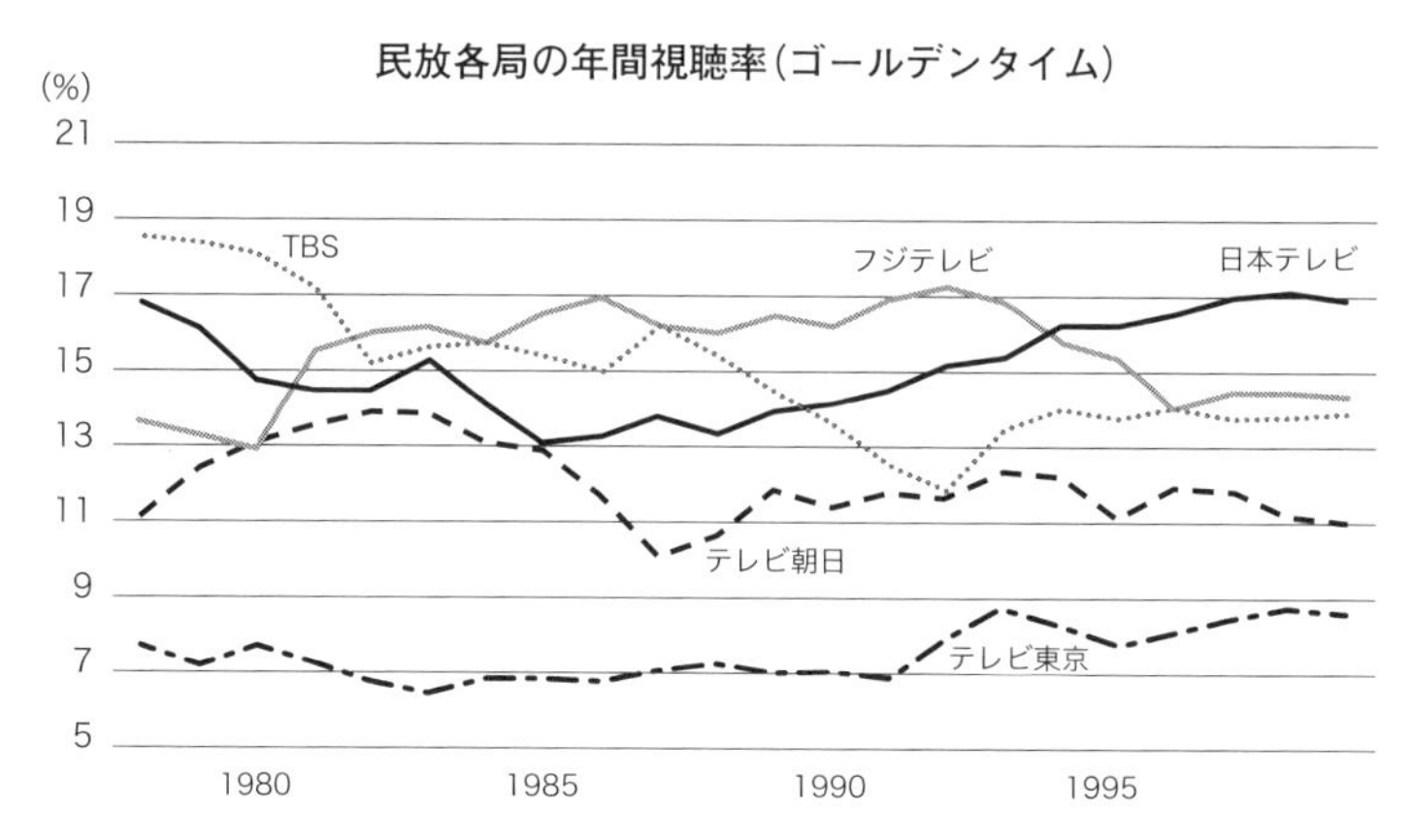

出典)Yahoo ニュース「"瀕死"の日テレバラエティを救った男は誰か。その驚くべき方法とは何か」
https://news.yahoo.co.jp/byline/tvnosukima/20160320-00054297

て、最近面白い番組があるっていうので『電波少年』をみたら、そのクレジットで土屋の名前をみて驚いたらしいんです。「あれ、これ本当に俺の知っているあの土屋か?」って。

中山　でも、いろいろ伝説的に語られてますよね。ダウンタウンの付き人のように毎日送り迎えまでやって、フジテレビの『笑っていいとも!』や『夢で逢えたら』の収録現場に「潜入」していた、と。とんねるずにも『ねるとん紅鯨団』の収録現場に押しかけて、直接交渉して『とんねるずの生でダラダラいかせて!!』の出演合意に取り付けた、とか。

土屋　それって、逆に、社員として素直すぎると思いませんか?　上司に「うちにはいいタレントが来てくれないから、ずっと張り付いてろ」って言われて、フジテレビに入っていって、顔を覚えてもらえるように、番組中ずっと張り付いてる。ひたすら素直にやってただけなんですよ。

中山　競合の会社に張り付くって、普通の会社だと考えられないですよね。よく気づかれませんでしたよね？

土屋　時代でしょうね。僕の顔なんて誰も覚えてないし、「ちわーっす」って入っていくと、たぶん吉本のマネジャーかなというノリで、すっと入れてくれてたんですよ。

あのときはそんなゲリラ戦をやらないといけないくらい、日テレが劣勢だった。吉川プロデューサー[6]もTBSラジオに出演していた明石家さんまに出演交渉にいくも、1年間ずっと無視されてて、ある時さんまが誕生日に冗談めかして言った「TBSは全自動麻雀機、フジテレビはアメリカ製の冷蔵庫、日本テレビはプール持って来ればええわ」というのをチャンスにして、本当にプールを贈って『さんま・一機のイッチョカミでやんす』が実現したように、皆食らいついていく空気感の中で僕もそれにならっていた感じですね。

中山　『電波少年』を撮るまでの、最初の13年間はどんな感じだったんでしょうか？

土屋　ダメダメでしたね。フジテレビを意識しすぎて『ガムシャラ十勇士!!』とか『恋々!!ときめき倶楽部』とかパクリ企画ばかりをやって、ゴールデンタイムなのに視聴率1・4％という散々な結果で、2年間編成に飛ばされてました。だから暇だったというのが逆に『電

[6] 吉川圭三（1957～）：日本テレビのチーフプロデューサー、編成戦略センター長、エグゼクティブプロデューサーを歴任し、『世界まる見え！テレビ特捜部』『恋のから騒ぎ』『1億人の大質問!?笑ってコラえて！』などを手掛ける。現在はドワンゴのエグゼクティブ・プロデューサー。

波少年』に結びついた背景でもあります。

中山　若い頃に何か特別な才能を発揮していたとか……。

土屋　ないない（笑）。若い時にイケてる奴のほうが逆にダメになりませんか？　おとなしくても、虎視眈々と上司の背中をみて、盗んでいる奴が伸びるんです。

松本人志には「惚れた」

中山　ダウンタウンとは、どういうご縁だったんですか？

土屋　関西テレビの『花王名人劇場』で漫才をみたときに、衝撃を受けたんですよ。やすしきよしなどの大御所が並ぶ中で、最後に新人賞ということでダウンタウンが漫才をやった。そのときに「（こんな大御所の大漫才を見た）ステーキや寿司を食ったあとに、誰が干物（自分たち若手の漫才）を食いたいかって話ですよ。もう帰りたい」と、言ったセリフまわしやセンスに、「こいつらすごいな!!」と思って、すぐに会いたいと吉本興業に電話したんですよ。その時のマネジャーが今の吉本興業の大崎洋会長で、すぐにコンサート先の和歌山でセッティングしてくれたので意気投合しました。

東京に出ておいでよと誘いをかけて、僕の『恋々!!ときめき倶楽部』に出てもらいました。浜田が男性側で、松本が女性側でしたかね。

中山　それにしても、土屋さんは付き人のように行動していたというのは異例じゃないですか。普通はマネジャーがつくもんじゃないんですか？

土屋　いやいや、当時の吉本はまだ売れていない若手にマネジャーなんてつかないんですよ。彼ら2人で東京に新幹線で来て、ビジネスホテルに泊まっていく。やることもないし、それで飯を食おうかとか、送り迎えするとかを僕がやるようになっていました。

中山　土屋さんは作り手としてのすごみもありますが、そうやってタレントさんとつながるのも得意だったんですか？

土屋　いや、全然。僕は苦手ですよ。個人的につながっているタレントはそんなにいないです。ただ、松本人志に関しては「惚れた」という表現が適切かもしれませんね。タレントで、あそこまで演出の細部に至るまで作れるって本当に稀なんですよ。

ビートたけしさんも、明石家さんまさんも、もちろんすごい天才ですけど、彼らはパフォーマーとしてのすごさであって、でもそれを作り手として自分で細部まで設計できるか、というと、そこまで兼ね備えているのは欽ちゃんと松本人志だと僕は思います。

権威になり始めたテレビのアンチテーゼ

中山　編成から制作に戻って「暇だった」土屋さんに声がかかって、『進め！　電波少年』

が始まるわけですよね。

土屋　実はあれは『ウッチャン・ナンチャン with SHA.LA.LA.』の枠だったんですが、ここでもフジテレビが絡んでいて、『七人のオタク』の映画撮影があるから3か月だけ映画に集中させてくれって内村・南原の事務所が言ってきたんですよ。「こっちはレギュラーだよ⁉」というのがありましたが、その無茶が通るくらい当時のフジは強かったんですよね。

それで1992年の7~9月がぽっかり空いてしまった。「どうする?」となって、ちょうど暇をしていた僕に「土屋、何かやれないか」と言う話が来たのが5月末です。

中山　え⁉　ほぼ1か月で新しい企画って、ありえないスケジュールですね。

土屋　それもタレントは渡辺プロダクション（当時）の松本明子と、太田プロの松村邦洋という、全く無名の2人だけのアサインが決まっていました。僕も編成に異動させられる前の企画の失敗もあるし、逆に吹っ切れましたね。もう時間もないし、「誰も見たことがないことをやろう」と。行きたいところに行く、見たいものを見る、諦めない、その3つだけを決めて進めたんです。

中山　『進め!電波少年』という番組名はどう決まったのでしょうか?

土屋　当時、テレビが権威になり始めていたので、そのアンチテーゼの番組だということをどう表現するか考えたんです。『踊れ、電波芸者』という案を考えたんだけど、上から「芸者はダメ」と言われた。じゃあどうしようと考えていた時に「電波『将軍』」という案が出て、それを僕が聞き間違えて「電波『少年』、いいじゃない」と決めました。

まあ「少年」だし、「進め！」かな、という具合に決まりましたが、このタイトルに決まったことで、やんちゃな番組という縛りができましたね。
中山　最初はどんな企画から始まったんですか？
土屋　どんな人に会いたいかって話をしてたら、あっこ（松本明子）が「浜松町からモノレールに乗っていくときに、見たこともない大きい人がいた。あの人に会いたい」と言うので、調べたら住友金属のバスケットボール選手の岡山恭崇さんだったんです。それでアポイント取ったら、番組の悪い噂でも聞いたのか、前日になって「やっぱりダメです」とドタキャンされたんです。

3か月で終わりの予定だったが……

中山　えー、一発目からずいぶん幸先が悪い。どうしたんですか？
土屋　でも、「デカい人なんだろ？　会社の前で張ってたらわかるんじゃない？」ということで、当時仕事もなかったあっこは、そのまま会社の前で1日中張ってたんです。会社に電話したら直帰しちゃうかも、ああ、これは放送できないかも、と皆で意気消沈していたところ、夕方になって通りの向こうからやたらデカい人が近づいてきた。あ、岡山さんだ！とそのままあっこが突撃して「すみません、高い高いしてもらえますか？」。

中山　起死回生みたいな話ですね。なるほど、結果的にアポなしになったんですね。
土屋　それで「これが世界一の高い高いだ」と番組にも落ちがついたところで、岡山さんを見送ったら、隣を見るとあっこがボロボロ泣いているんですよ。初めて自分がメインの番組で失敗するかもという相当なプレッシャーがかかっていたんですね。
　これだ！これが誰も見たことのないテレビだ！と。普通にアポをとってたらこんな感動には結びつかなかった。そこからアポなしというコンセプトの番組になりました。
中山　最初はどのくらい反応があったのでしょうか?
土屋　そこまで大きなものではなかったですね。1か月くらいでいろいろハガキが届き始めてちょっとずつ騒がれ始める程度でした。3か月たって予定通りに終了になるかなと思ってたんですが、今でも忘れられないですね。
　9月いっぱいで終わるのかな~と8月末の雨の日のタクシー乗り場で待ってたら、ちょうど制作センター長が居合わせて。「『電波少年』いいよな。うちの息子に、今テレビ番組で何が面白いって聞いたら、『電波少年』がダントツで面白いって。驚いたよ。今のうちにそんなのないから、もうちょっと続けるわ」って言ってくれて。センター長は息子から「日テレはつまらない」ってずっと言われていたみたいなんですよね。センター長の息子のお陰で、『電波少年』は続いたんですよ。

「奇跡が起こらないテレビはつまらない」

中山　まさに奇跡が奇跡を呼んで、首の皮1枚で続いている感じですね。
土屋　はい、奇跡が起こらないテレビはつまらない、って欽ちゃんも言ってますしね。
中山　『電波少年』は、松本明子や松村邦洋の顔だけが浮かび上がって大きくなったり小さくなったり、「絵ずらとしての異様さ」がありましたね。なんだ、この番組?!?って思ったのを覚えてます。
土屋　あれは製作費の都合でスタジオでセットが作れなかったからですね（笑）。でもそう思ってもらえたなら成功で、ちょうどテレビのリモコンが普及してチャンネル変えが頻繁になった時代なんですよ。なのでパッパッとチャンネルを変えたときにボタンを押す手が止まるようなインパクトが必要だと思ったんです。
中山　のちに首相になる村山富市の眉毛にハサミをいれる、ネルソン・マンデラにアポなしで突撃する、アラファト議長とてんとう虫のサンバを歌う、など常軌を逸した企画が多かった。トラブルはなかったんでしょうか?
土屋　なかったですね。事故には至っていない。ずっとアクセルはベタ踏みでした。
中山　ウィキペディアなどには、松村邦洋さんがチーマーにボコボコにされた話などが掲載されてます。クルーが助けてくれるものではないんですか?

土屋　いや、クルーは距離があるところから撮影しているので、守れないですね。あくまで松村が自分で話を聞きに行って、自分でボコられた。それだけなんです。
　もちろん番組の企画の一環ではありますが、でも番組で職務中のタレントのすべての責任を引き受けて、すべて安全に作るまでのことはできない。本人が被害届を出して、事件になったらそれは中止せざるをえなかったかもしれない。でも、幸いそこまで至ったケースはなかった。
中山　あくまでタレント自身のバランスと番組のバランスの上に成り立っているんですね。ある意味、「依頼されたとおりにパフォーマンスをする」という受託的な感覚のタレントではとても出演できませんね。ほかのメディアでも語られてましたが、グレーなときの「目利き」は大事にされてます。ヒッチハイクの企画では、猿岩石もタイ・ミャンマー間は飛行機を使ってルートをパスしました。
土屋　そうですね、そこの判断は相当デリケートにやっている。嫌な予感がしたときは右に曲がればいいんです。綱渡りは「落ちる」と思うと落ちるんです。落ちないと信じ、それに向かって徹底的に準備をしている。

3 ネズミをとるネコ

強烈にこれは面白いという人間が1人でもいれば企画は成り立つ

中山　猿岩石のヒッチハイクもすごく印象的でした。アポなしからヒッチハイクにフェーズが移ります。

土屋　アポなしをやっているうちにインターナショナルを作り始めて、その中でキャイ～ンのドイツ・オランダ国境ダジャレヒッチハイクがあって、ヒッチハイクって面白いなと。それでヒッチハイクとドラマをくっつけたらどうだろうと。ドラマのいいところって最終回は必ず数字が上がる。なぜならそれはゴールがあるからだ、と。

そのときにちょうど青山ブックセンターで『深夜特急』が文庫化されて並んでいたのを見たんですよ。午前2時に。これだ！と。香港からロンドンまでヒッチハイクしたら面白いんじゃないかというので、あの企画に至ります。

中山　出演した猿岩石は、どうやって選んだんですか？

土屋　普通のタレントは無理ですよね。何か月かかるかもわからないし。無名でガッツがあるやつというのでオーディションをやっていたときに、猿岩石の2人が広島から東京にきたときに野宿したという話をしていた。野宿できるのか、これはいい、と選びました。

中山　東京の野宿と香港−ロンドンのヒッチハイクじゃエライ違いですよ（笑）。でもそのくらい、わけわからない感じで進むんですね。

土屋　誰もわからないですよ。思いついた時に絵にもなってない。それがいけるかどうかなんて誰もわからない。当たったから「ヒッチハイクはいい」ってなってますけど、最初は「ヒッチハイクなんていいから、松村にアポなしをやらせろ、何つまらないものやってるんだ」と非難轟轟だった。

『イカゲーム』だって、いろんな局にはねられまくって、最後にネットフリックスが拾った企画です。100人のうち1人でもいい、強烈にこれは面白いという人間がいてくれれば企画は成り立つんです。逆に会議室で全員が賛成するような企画で当たったものなんて1つも見たことないですよ。

報連相は全くしなかった

中山　しんどかった分岐点などもあるんでしょうか？

土屋　猿岩石が終わり、第2弾がドロンズで、そして第3弾のときに松村邦洋をレギュラーから外したんです。『電波少年』の最大の功労者で、本人も人生を『電波少年』に賭けるとまで言ってくれてました。太田プロの副社長もブチ切れで、だいぶ怒られました。それでも、もうアポなしはやめてヒッチハイクでいく、次の企画だと松村はやることがない、と言い張って諦めてもらいました。

中山　そのタイミングで名前も『進ぬ！電波少年』に変わってますよね。

土屋　「進め！」は松村とあっこのものだから、タレントを変えたら当然変えるものだと思ったんです。でもすでにブランドができてたから、上は変えるのを嫌がって。それでバレないように違うものにするんだったら、と思って「め」を「ぬ」にしたら気づかれないだろうと。勝手に変えました。

中山　松村さんの件はずいぶん重い決断をされましたね。変えるために、今まであった何かを手放すという決断をできるリーダーは多くありません。しかし、こうした数々の「行い」を静観して止めなかった日テレもすごいと思います。

土屋　ネズミをとってくるネコだったからですよ。視聴率がついてきている限りは誰も何も言えなかった。「お前の上司にだけにはなりたくないよ。いくつ首があっても足りない」みたいなことは冗談めかしてよく言われましたが、実際に自分が作るものに対して何か言われたということはなかったですね。

当然ながら報連相（ほうこく・れんらく・そうだん）も一切やってません。勝手に自分で判断して勝手に進めていました。

止まったら死ぬ、という覚悟でやっていた

中山　なすびの電波少年的懸賞生活などは、もはや再現が不可能なんじゃないかと思います。
土屋　英国でここ10年くらいになってからバズって取材を受けましたね。1年3か月の間、人間を全裸にして「懸賞生活」と称して部屋にいさせ続ける。どうやってこんなことが可能なんだ？　これはリアル『トゥルーマン・ショー』だと。英国と米国の20人くらいのクリエイターからオファーがきて、その中の1人の監督が映画をつくっているようですね。
中山　なぜ20年以上もたってから、そういった話題が再沸騰しているのでしょうか？
土屋　ユーチューブです。誰かが違法アップロードで上げたようで、それで話題になったんです。当時は流しっぱなしなので、自動的に動画を海外の誰かが拾ってくれるという土壌がなかったですね。
中山　企画の作り方をお聞きすると「狂気」を感じざるを得ません。
土屋　明日があるかわからない、止まったら死ぬ、という覚悟でやってました。辞表もいつも持ち歩いてました。頭がおかしかったことは認めます。

土屋さんのヒストリー

1980年代：フジテレビの後塵を拝す日本テレビのディレクターとして苦戦する

1990年代：編成に「左遷」されたあと、制作に復帰し『進め！電波少年』が爆発的ヒット。日テレ黄金時代をけん引する

2000年代：編成部長と二足のわらじでプロデューサー業務。「第２日本テレビ」を設立。インターネットメディアで、間寛平が世界一周する『アースマラソン』の中継を行う

2010年代：編成局専門局長。一般社団法人1964 TOKYO VRを設立したり、東京大学大学院の非常勤講師を務めたりするなど社外での活動を増やす

2020年代：起業。Gontentsを設立し、VR技術を使った映像作品を生み出す

4 日本と世界

米国のテレビにはがっかり。中国で知った日韓の差

中山　土屋さんは日本のテレビマンとして大成していたと思いますが、その当時「海外に映像をもっていく」という発想はあったんですか？

土屋　2000年前後くらいから、海外で作ることも視野に入れてました。15カ国から選ばれた少女たちを使って、自力で無人島を脱出する「15カ国少女漂流記」というコーナーを『電波少年』で作っていましたし。このまま日本で作っているだけじゃダメだと思っていました。

ヒッチハイクもして、『電波少年』に香港のチューヤンが出て、ウリナリでビビアン・スーも呼んだ。ブラックビスケッツは歌手として台湾デビューも果たした。「次は世界だ！」と松本人志とアメリカ人を笑わせにいこうという企画も作りました。

こうした映像は当時の海外向けの番組販売部は売ってくれなかった。「映像を売りに行っ

ても、その飛行機代も出ない値段なんです」と社内では放置されてしまう。だから香港のテレビ局に自分で行って、1本1万円など破格で売りました。それでかなり人気も出て、チューヤンは香港でかなり有名になりました。

そうした一環もあって、NBCなどに行ってアメリカでの制作方法などを学んでいた時期もあります。

中山　米国のほうが進んでいる部分があったとか……。

土屋　いや、ガッカリしましたね。アメリカのテレビ局ではいいものは作れない、と感じました。

彼らはハードとソフトの分離が原則で、制作会社のマージンも全部決まっているんですよ。1000万の企画が通ったら、200万を利益にして、800万のコストで作る。次はその2000万をもとに、1500万の企画を1200万の制作費で作って300万の利益にする。かっちり決まったサイズに合わせて企画を調整していく。この形じゃ絶対面白いものは作れないと思いました。特にリアリティショー系はダメです。

アメリカでもハリウッドを中心とした映画はお金もかけるし、ある程度自由度の高い企画で作っている。ああいう形が理想だと思います。

中山　そこから20年近くたってからですが、『愛の不時着』のスタジオドラゴンなど、韓国の映像制作会社がグローバル化して、自ら制作も販売もしています。彼らのように土屋さんが独立してスタジオを作る選択肢はなかったのでしょうか？

土屋　日本の場合は、ありえないですね。テレビ番組では、必ず局のプロデューサーがつきますから。お金をもらって作るといった瞬間に、局Pの言いなりで作らないといけない受託型になる。「作りたいものを作る」を日本で実現するなら、局から外に出るのは悪手で、むしろ局の中にいて局にパトロンになってもらって作る以外の方法はなかった。

中山　海外の制作に活路があったわけじゃないんですね。

土屋　日本の映像制作のレベルはすごいと思っていました。でもスタジオドラゴンの成功だって、国の支援云々じゃないですよ。経営者の覚悟、それ以外にない。韓国は皆、片道切符で海外に飛び出していた。中国のテレビ局にも２０１６年頃に行ったけど、すでに７００人くらいの韓国人の制作者が中国の映像プロダクションに入り込んでいた。そういった人材がハブとなって韓国コンテンツを中国にひっぱって浸透させようとしている。そこの差は、日本とは歴然としていますね。

中山　ゲームやアニメに比べて、日本のテレビや音楽が海外で羽ばたかなかったのは、外に出ていく人材の「総量」の少なさなんでしょうか。人口14億人の中国人の華僑が７０００万人と５％、１億人の日本では日僑（とはいえないサイズですが）が２００万人で２％、でも韓国は人口６０００万人ながら海外に８００万人、10％を超える海外在住者がいて、絶対数で在外日本人を大きく上回るんですよね。

土屋　日本でも、ピンとしてのタレントは海外に渡っているケースがありますよね。久保田利伸はニューヨークに住んで10年以上頑張った。ピンクレディーも松田聖子もアメリカに行った。肝の座ったミュージシャンは必ずいるんです。ただ、それはセルフプロデュースの域を超えない。そのタレントと一緒に、もっていくプロデューサーがいなかった。

『北の国から』はヤバかった

中山　日本は「職人としての個」で勝負するしかないんでしょうか？

土屋　是枝裕和監督[7]なんかは編集、脚本、監督までほとんど全部1人でやってます。クリエイティブはなるべく1人に集約させたほうがいい。

1人の「個の狂気」が100万人に刺さるものを作るんです。ただ、これを理解して世界に展開させるプロデューサーは必要です。

中山　ほかにも「狂気」を感じた作品はありますか？

[7] 是枝裕和（1962〜）：日本の映画監督・脚本家。ドキュメンタリーのディレクターとして1987年にテレビマンユニオン入社。『アメリカ横断ウルトラクイズ』『日立 世界ふしぎ発見！』のADを経て、フジテレビ『NONFIX』でドキュメンタリー番組を手掛けた。2011年の独立後は、映画監督の西川美和、砂田麻美らと共にオリジナル作品の企画制作を行う制作者集団「分福」を立ち上げる。『万引き家族』で第71回カンヌ国際映画祭でパルム・ドール受賞（日本人監督として史上4人目、アカデミー国際長編映画賞候補にもなる）。2022年公開の『ベイビー・ブローカー』で韓国映画の監督を務めた。

土屋　あります。たとえば『北の国から』は1980年代のテレビドラマの名作ですが、冬の富良野での撮影って相当地獄なんですよ。最初はちょっと厳しい環境のホームドラマみたいなところがありますが、途中からどんどん「温度感が上がる」んですよ。

中山　どんなところでしょうか？

土屋　UFOが出てくる回があって。あのあたりからキレてくるんですよ。倉本聰さんの脚本もそうですけど、演出をやっている杉田成道さんが。唐十郎さん演じるトド猟師が流氷から戻ってくるシーンなんて、あれ、どう考えても「ヤバい」映像なんですよ。

中山　普通の視聴者から見ると、「あ、流氷って乗れるんだ」みたいな感覚でしたけど……。

土屋　いやいや、あれ、スタッフも流氷に乗ってるんですよ。アングルを考えると。でも、あそこには唐十郎さんしかいないように見える。実は流氷のエッジで、ぎりぎりのところにスタッフがひっかかって撮っていたという。「電波少年」どころじゃないですよ、その危険さや発想といったら。

中山　プロからみると「ありえない」ということがあるんですね？　そういうことは推測するんですか？

土屋　直接聞きに行きます。それで『北の国から』がどれだけヤバいかを知りました。あれは「狂気の集団」でしかありえない作品です。撮りながら反響を得て、エスカレートしていくうちに、チーム全体の温度感が変わるんですよ。

中山　土屋さんがよくおっしゃっている「集団としての体温が高い」状態ですね。フジテレビを追い抜いた時の日テレもそうだったんでしょうね。そこに「個の狂気」が生まれる、というわけですね。

土屋　『¥マネーの虎』などもその定義にはまりますね。演出家は栗原甚。❽日本での視聴率はダメだったんですが、世界30か国以上にフォーマットが展開され、各国で同じスキームで番組が展開されている。あれもすごい作品です。

❽　栗原甚：日本テレビの演出／プロデューサー。2001年にスタートした伝説的現金投資バラエティ『¥マネーの虎』を企画・総合演出・プロデュース。『¥マネーの虎』の企画はその後、世界35か国で放送され、自ら演出・監修に携わる。そのアメリカ版『SHARK TANK』は、2014年から4年連続エミー賞最優秀作品賞を受賞。担当番組は他に『さんま&SMAP美女と野獣スペシャル』『伊東家の食卓』『行列のできる法律相談所』『ぐるぐるナインティナイン』『踊る!さんま御殿』など。

5 日テレの躍進

1人の師匠をコピーするだけだと「劣化コピー」にしかならない

中山　土屋さんは異端のヒットメーカーだったと思うのですが、組織としてのポジションを得ていく中で「現場から遠ざかる」感覚はなかったのでしょうか？　トップクリエイターのポジションを上げると管理職化して、その持ち味が殺されてしまう事例も少なくないですが。

土屋　僕は偉くなってないですよ。そう見えているかもしれないけれど。上がっていっても「専門局長」なんで、部下はついてないんです。育てることなんてできませんし、査定とか評価とか組織的な会議や根回しなんてできない。だからポジションはいらないと言っていた僕を持て余して肩書をつけただけで、やっていることは『電波少年』が終わっても変わっていないです。

中山　日テレには『電波少年』の遺伝子が明確に残ってますよね。この10年でトップの番組って『謎解き冒険バラエティー世界の果てまでイッテＱ！』だと思うんですが、あの作品は

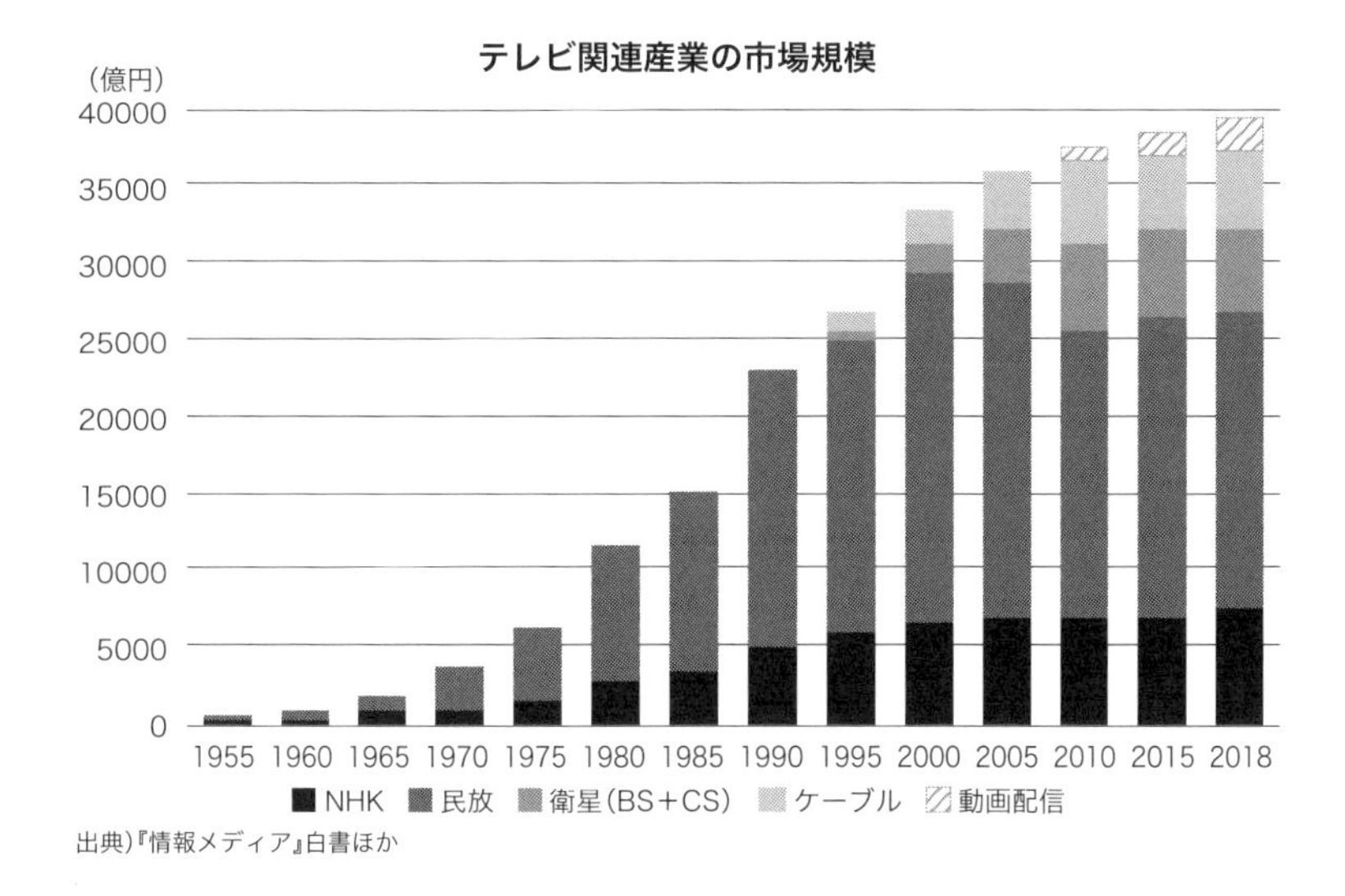

『電波少年』でトライしてきた組織の経験値が日テレに残っていて、それでしか作りえなかったんだと感じてます。

土屋 たしかに『イッテQ!』の総合演出をやっている古立善之も、長く『電波少年』でやってきたメンバーですね。

中山 やっぱり弟子というか、土屋さんから伝授されたものが大きいのでしょうか？ 当時から目立ってましたか？

土屋 いえ、全然目立った感じはなかったです。僕も育てたつもりは毛頭ありませんし。いろんなスタッフの隅っこにいて、やり方を勝手に自分で見て学んでたくらいだと思うんです。それは先ほど言った「若いうちにイケてる奴ほど大成しない」と同じかもしれません。

ちゃんと何かを丁寧に教えたような記憶も一切ないですね。1つだけ覚えているのは、

『イッテQ!』でイモトアヤコをどう演出していくか迷っているような時があったんですよ。彼女は、本当に「素人」から起用した人材でしたからね。そのときに「信じたほうがいい、迷わずいけよ」っていうメールを1本だけ出した……らしいです。僕自身が忘れてて、あとで古立がインタビューに答えてそう言ったのを聞いたんですけど。ホントそのくらいしか接点がないし、番組が終わってから古立とも会ってないですね

中山　土屋さんの師として「テリー伊藤さん」と「欽ちゃん」の名が挙がります。そのお2人は何が飛びぬけていたんですか?

土屋　2人はタイプが違うからなあ……。でも明確に共通している点はあります。「狂気」です。作る人間としての狂気はホント2人とも飛び抜けてますよ。そして僕の場合、2人の師がいたことも大きいと思ってます。1人だけだと、その人の劣化コピーにしかならないんですよ。それぞれからいいところをちょっとずつ盗む。そのほうが自分のオリジナリティが作れるんです。だから古立には自分と違うタイプのプロデューサーに弟子入りしてこいと。それで僕と対極にある五味一男❾のところに行ったんじゃないかなあ。

中山　五味一男プロデューサーは『日本テレビの「1秒戦略」』(岩崎達也著、小学館新書)で、対フジテレビの戦略チームの一員として名前が挙がっています。フジテレビの番組が何をやってるかをつぶさに研究して、新しいものを作るタスクフォースチームですよね。

土屋　そうなんです。「とにかく違うものを嗅覚で作る」という僕とは正反対ですよね。五味タイプのやり方も学んでいたので、『イッテQ』はできたんだと思います。

アクセルベタ踏みの集団

中山　「日テレがフジに勝てた理由」として、よくあがるのがあの緻密な番組分析でした。あの分析の結果などは土屋さんのクリエイティブにも生かされているんですか？

土屋　え～～っと……全く見ておりません（笑）。

中山　あちらのチームと土屋さんが『電波少年』を作っていたのは無関係なんですね？

土屋　はい、あちらはあちらでやっていたし、僕は僕のことで精一杯でした。でも時期的には連動してましたね。共鳴して、違う角度で日テレが攻めていたことで、たまたま重なったという気もします。

中山　長野智子さんとの番組でおっしゃってましたが、[10] 今ネットフリックスで海外でも大人気を博している日テレの『はじめてのおつかい』はノウハウの塊だと。あれだけマネしやすそうな番組なのに、他局はやっていない。そのくらい、実は自分たちにしかできないノウハウがある。『電波少年』から『イッテQ』の流れもそうですし、間寛平さんと第2日本テレ

❾　五味一男：日本テレビのプロデューサー・演出家。担当した6番組のうち5番組の視聴率が20％を超え合計100％を超えることから「視聴率100％男」とも呼ばれた。手掛けた主な番組は『クイズ 世界はSHOW by ショーバイ!!』『マジカル頭脳パワー!!』『エンタの神様』など

❿　『長野智子のテレビなラジオ』の2022年5月3日放送「土屋敏男さん（日本テレビ）登場！「電波少年」の生みの親はフジテレビの…!?」でのトーク内容

ビでインターネット中継した『アースマラソン』[11]もそうですよね。海外で受けるヤバめな番組というと、必ず土屋さんが絡んでいる気がします。

土屋　その時、その瞬間のチームの温度感でしか作れないものがありますよね。１９９０年代の日テレは確実にそうでした。テレビ局なんて入社するときは全部横並びで、人材に優劣の違いはない。そうした中で、なぜ１９８０年代はフジテレビ、１９９０年代は日本テレビばかりが熱狂できる番組を作れるのか。それはその集団の「体温が高い」状態が、人を突き動かすんだと思うんです。狂気はあとから作られる。

全然目立たなかった自分が、『電波少年』によって、正直止まれないアクセルベタ踏み状態になるような、ちょっと異常な状態だったんだとは思います。

誰にでもある「天才の芽」は自分で伸ばす

中山　テレビがダメになっていった過程、まさに２０００年代に入って、テレビ局も9～17時できちんと働く会社になった。管理がしっかりしてくる。そうした過程で、20世紀にあったテレビ局の「体温」が冷めてしまったんでしょうか？

土屋　それは明確にあります。テレビがダメになったのはこの20年なんです。70年の歴史の中で、最初の50年はホントに「何か違うことをやってやろう」と、どの局も野心がうごめいていた。
でもこの20年は他局に当たったものがあると、皆同じことをやろうとする。テレビがやっていた「見たことのない面白いもの」はユーチューブやモバイルメディアの中で展開されるようになってしまった。2014年に『笑っていいとも！』が終わった時、僕個人としてはテレビの終わりが始まったな……という感覚に陥りました。

中山　報連相をきちっとするみたいな過程で壊されている部分もありそうですね。

土屋　これはnoteにもよく書いているんですが「報連相が日本を滅ぼす」と思ってます。大反対です。

誰にだって天才の芽はあるんです。間違いなく。ただそれは売れているものを安易にパクるとか、報連相の上で出てくる丸まったアイデアからは絶対に出てこない。自分の中にしかないんです。内的に自分がやりたいものを個として突き詰める。そこに到達して具現化する。僕が天才だったわけではなく、僕が内的に突き詰めて、これだったら面白いと思うものを、純度を高めて、誰にも相談せずにやりきった。だからウケたんだと思います。

⓫ アースマラソン：2008年12月に間寛平が実施した世界一周プロジェクト。大阪なんばグランド花月からスタートして、アメリカ、大西洋、欧州、中央アジア、中国などをランニングとヨットで横断。766日をかけて、陸上2万キロ、海上1・6万キロを走破した。常時インターネット接続した小型カメラの映像を流した。インタラクティブにやりとりできる配信方法は、土屋氏が第2日本テレビから実験的に行ってきた成果が発揮された。

「今なら大ヒットする」とひろゆきに言われた

中山　44年間、尋常じゃない形で「突っ走ってきた」ということをビンビンに感じました。2022年で日テレを卒業されるということですが、今後はどうされるのでしょうか？　ゲーム業界ですと、中国や韓国のゲーム会社が日本のクリエイターにスタジオごと任せたりというケースがありますが、日本のテレビマンにネットフリックスが出資して大きなスタジオを作る動きなどあるものでしょうか？

土屋　テレビだとあまり一般的ではないかもしれませんね。最初から世界で当てるという試みはやったことないんですよ。だからぜひそういうのはやってみたいですね。

　やっぱり作り続けたいという気持ちはあっても、今年で66歳。年齢が上がってくるとなかなか自分だけでスポンサーを探して、というエネルギーがなくなってくるんです。だからこういうインタビューも含めて、来るものは全部受けて、その中から新しい出会いや切り口が見えてくるだろうというのが今の方向なんですよ。

中山　VRを使ったりと新しいテクノロジーも取り入れているそうですね？

土屋　『NO BORDER』[12]ですね。高精度3Dスキャナーを使って5分でキャプチャーした画像でアバターを作って、そこにボーン（骨）を入れて、顔かたちはそのままでTOMOとKENZO（DA PUMP）の振り付けそのままでダンスを踊るというのをやりました。

80歳のおばあちゃんがキレッキレのダンスを踊っているのとか面白いと思ったんですが、僕がやることって先取りしすぎるところがあるんですよね。

中山　確かに見たことないから、今は「？」でも、あとから評価されそうですね。なすびの懸賞生活が英国で20年後にバズるのと同じように。

土屋　ひろゆきからもそれは言われました。去年（２０２１年）話した時に「今ならアースマラソン、大ヒットしますよ」と。やっぱり10年間早すぎたのかもしれない。

その『ＮＯ ＢＯＲＤＥＲ』を再演できるかもっていうきっかけを作ってくれたのは、この佐渡島庸平さんなんです（中山の著書『推しエコノミー』の帯の推薦コメントを指して）。「これは僕がみた今世紀最大のエンターテイメントだ」と。

中山　佐渡島さんは、ホント素敵にキュレーションしてくれますよね。彼の解釈が入ることで、どんどん広がっていく。僕の本もそうでした。

土屋　ホントに感謝してます。『ＮＯ ＢＯＲＤＥＲ』は、吉本の大崎会長から、「なにか面白いもん作ってよ」と言われて、自分としても新しいトライができた。技術そのものはわかってなくても、テレビマンとして、どう面白いものをつくったらいいかはわかる。だからこういう発想は出るし、今後も自分の信じるものを作り続けたいと思います。

⓬ ＮＯ ＢＯＲＤＥＲ：２０１９年７～９月に大阪ＣＯＯＬ ＪＡＰＡＮ ＰＡＲＫ ＯＳＡＫＡ ＳＳホールで実施された、土屋敏男氏が企画、演出を手掛ける新感覚エンタメ舞台。来場した観客を３Ｄスキャナで取り込み、彼ら自身がアバターとなってスクリーン上でダンスを踊った。

中山　ちょっと聞きにくい話ですが、トップクリエイターの方々はそれだけ狂気の中にいるなかで、家庭だったり「普通の幸せな生活」とは縁遠いところがあります。土屋さんは、もう一度生き直しができるとしたら、クリエイターではなく、そういった道を選ぶという選択肢もありますか？

土屋　それは本当にその通りですね。タレントもそうですが、やっぱりトップ層は皆いろいろ抱えている。僕もおよそ一般的な家庭の父親というところからは全く乖離してます。ですが……もう1回生まれても、やっぱり同じことやっちゃいますね（笑）。やっぱりこんなに面白いこと、なかなかないですから。

土屋さんに学ぶポイント

「創造は狂気によって生まれる」

綱渡りは落ちると思うから落ちる、辞表をつねに懐に入れて「止まったら死ぬ」と思って作り続けていた。意見は取り入れるが決めるのは常に自分1人。

「１人の熱狂が100万人に刺さる」

決まった予算に合わせて企画を作る、会議室っで全員が賛成する企画を作る、こんなやり方で絶対にヒットは出ない。誰も何が当たるかなんてわかっていない。100人のうち１人でも強烈に面白いという人間がいれば企画は当たる。

「背中から盗む。できれば２人以上から」

丁寧に教える必要はない。できる奴は勝手に背中から学ぶ。技を盗むべき師を２人以上もって、劣化コピーでなく自分だけのオリジナルコピーを作る。

「報連相が日本を滅ぼす」

入社時点では人材なんて横並び。若い時にイケてるやつほど大成しない。周りをうかがって報連相している人間より、虎視眈々と企み、「体温の高い」集団の中で揉まれる人間がアクセルベタ踏みになったときに創造が生まれる。

『Dr.スランプ』から『ドラクエ』まで、手に触れるものをヒットに変えた

漫画のミダス王
鳥嶋和彦

（元・週刊少年ジャンプ編集長）

とりしま・かずひこ

1952年生まれ。慶応義塾大学を卒業し、1976年に集英社に入社。『週刊少年ジャンプ』編集部に配属される。鳥山明を見いだし、アニメ視聴率36％をたたき出した『Dr.スランプ』や、マンガ界に絶大な影響力を及ぼした『ドラゴンボール』を世に送り出した。編集者として人気作を手掛けると同時に、ジャンプ誌面でゲーム特集を展開し、『ドラゴンクエスト』や『クロノ・トリガー』などゲームの金字塔となる作品の創作にも影響を及ぼしている。1993年に『Vジャンプ』の創刊編集長となり、1996年からは週刊少年ジャンプの６代目編集長。2004年から集英社取締役。2015年に白泉社社長となり、6期連続赤字だった同社をV字回復させて黒字転換。会長、顧問を経て2022年に退任し、各社の顧問として活躍している。

（写真：北山宏一）

1 「ボツ!」と言った覚えはない

マンガは3巻までしか読まない。ゲームは300時間かけてクリアする

中山　自己紹介をお願いします。

鳥嶋　鳥嶋和彦です。集英社で少年ジャンプの編集を長くやってきまして、鳥山明さんの『Dr．スランプ』『ドラゴンボール』などに関わっていました。2015年に白泉社の社長に就任して、その後この1年は顧問として残っておりましたが、今年（2022年）の11月でそれも終わり。完全にサラリーマンを辞めて、さてどうするかという感じです。

中山　6年ほど前から鳥嶋さんの記事を『電ファミニコゲーマー』でよく拝見していました。特に、「伝説の漫画編集者マシリトはゲーム業界でも偉人だった！　鳥嶋和彦が語る「DQ」「FF」「クロノ・トリガー」誕生秘話」（2016年4月4日）は衝撃で、あれだけの名作ゲームの裏側で、フィクサーのように鳥嶋さんが動かれていたのは大変驚きました。どういうタイミングで、ああいった業界の裏話をお話されるようになったのでしょうか？

鳥嶋　KADOKAWAの佐藤辰男❶さんがきっかけなんですよ。6期連続赤字だった白泉社に送られた僕に、興味半分・心配半分で「大丈夫なのか?」と連絡があり、「まあ3年くらいで何とかなるかな」など話しているうちに、そろそろ集英社も出たわけだし、ジャンプ時代の話を記事に出してみないかとライターの平くん❷を紹介されたんですよ。

どんな記事を書く人なのかと聞いたら任天堂の岩田さんとの対談記事❸が送られてきた。まあこのくらいちゃんとやってるなら……でもやっぱり心配だから、一度面談もさせてもらった❹。それで信用できる人だと思って、山の上ホテルでほぼ半日のロングインタビューを受けましたね。インタビュー記事は大量の原稿でしたが、あまりにもおもしろいので、ほとんど直しなしで載せました。

---

❶ 佐藤辰男（1952〜）：KADOKAWA相談役。「週刊玩具通信」の記者から始まり、『コンプティーク』創刊にあたり1982年にグループ入社後は角川歴彦とキャリアをともにする。1995年メディアワークス社長、2008年角川グループHD社長などを歴任し、角川の歴史をつづった『KADOKAWAのメディアミックス全史』（2021）を上梓。

❷ 平信一：電ファミニコゲーマー編集長。「4Gamer.net」副編集長などを経て、ドワンゴ・KADOKAWAグループでゲーム&エンタメ系業界ジャーナリストとして活動。執筆書籍に『ゲーマーはもっと経営者を目指すべき！』（2015、KADOKAWA）など。

❸ 任天堂・岩田氏をゲストに送る「ゲーマーはもっと経営者を目指すべき!」最終回——経営とは「コトとヒト」の両方について考える「最適化ゲーム」（2014年12月27日）（https://www.4gamer.net/games/999/G999905/20141226033/）

❹ この「面談の過程」は平さん側の心境も含め、マンガになっている。https://news.denfaminicogamer.jp/news/2204011

中山　もう6年前でしたけどあの記事は衝撃的でした。マンガ編集者としての鳥嶋さんはもちろん知ってましたが、こんなにゲーム業界にも関わっていた方だとは。実際にゲームも相当されてますよね？

鳥嶋　『エルデンリング』は295時間でクリアしましたね。

中山　エルデンリングをクリアする70歳ってみたことないですよ（笑）。マンガよりゲームをよくプレイされるのでしょうか？

鳥嶋　マンガも読みますよ。もちろん。ただ、私はコミックスの3巻までしか読まないのが通常です。1巻10話で3巻30話。それでだいたい連載の半年強くらいの量で、この期間で試行錯誤してストーリーの骨格ができる、あとは変わらないから、良し悪しの判断はほとんど3巻で決めている。

『ドラゴンボール』でいえば、悟空、クリリン、亀仙人の3人で修行して天下一武道会に出たあたり。

作家には、忖度なく、読者がどう感じるかを率直に伝えた

中山　さすがは「鳥嶋節」というか、「マシリト節」ですね（笑）。これまで鳥嶋さんは『Dr．スランプ』で「Dr．マシリト」、『ダイの大冒険』で「大魔導士マトリフ」、『とって

も！ラッキーマン』のトリシマン、ゲームでも『桃太郎電鉄』の「天の邪鬼（性格はキングボンビーという噂も聞きました）」など、様々なマンガやゲームにキャラクターとして登場してきました。原稿を「ボツ！」と一蹴するのも、鳥嶋さんの代名詞のように語られています。ここまでたくさんのキャラクターとして描かれてきた編集者は少ないんじゃないでしょうか？

鳥嶋　僕が最初じゃないですよ。角南さんとかが『トイレット博士』で描かれたでしょう。❺鳥山さんが面白おかしく僕をキャラ化したから、他のマンガ家も描いていったんじゃないですかね。

そもそも僕はね、あんなマンガに出てくるように「ボツ！」って言ったことは1回もないんですよ。

中山　え、そうなんですか？「ボツ！」のみならず、「そもそもマンガは好きじゃない」「編集者はマンガ家に好かれる必要はない」など歯に衣着せぬ言葉が多く、多くのマンガ家が泣かされてきた、といった印象をもっていました。ご本人の前で大変恐縮ですが……。

鳥嶋　頭ごなしに否定することはしていないはずです。目の前に新しい才能がきたときに、それがどう読者に伝わるかだけを考えてた。僕の場合、マンガ家と話すのだって30分は打ち

❺ とりいかずよし（1946～2022）の『トイレット博士』（1970～77）において、編集者の角南攻は実名のままマンガ内でもキャラクター化されていた。

合わせで、残り30分はいつも雑談していたんですよ。お互いのことを知り合って関係性が作れていないと、言いたいことも言えないですからね。

マシリトでキャラ化されてたことの3割くらいは真実ですけど、7割くらい誇張がありま す。

中山　鳥山さんの『Ｄｒ．スランプ』がヒットするまで、原稿が５００枚もボツになった話も有名です。

鳥嶋　あれだって、「あとから数えたら５００枚くらいになってましたよ」と鳥山さんがこぼした話がまわりまわっただけですね。

僕は「厳しい」って言われますけど、厳しいのは僕じゃなくて読者ですからね。作家におもねって安易な妥協をしたって、後で後悔するって知ってるんですよ。結局、読者は知らないうちに勝手に離れていく。だから僕は、忖度なく、読者がどう感じるかを率直に伝えていく。読者アンケートの結果を作家に見せない編集もいますけど、僕はすべてオープン。事実を事実として受け止めたうえで、作家の話に面白い部分があれば、それをバックアップして伸ばしていきます。

2 マンガの文法を発見

就活は48社を受けて内定は2社。配属先は不本意なジャンプ編集部

中山　そもそも集英社にはどうして入社されたのですか?

鳥嶋　オイルショックの翌年で就職不況だったんですよ。行きたかった文藝春秋も、テレビ局や電通なんかも募集をストップしていた。慶応大学で、この成績だったら結構どこでも入れると高をくくっていたのに、ふたをあけたら48社受けて受かったのは2社だけ。集英社と生命保険会社だった。

中山　決して就活勝者ではなかったんですね。生命保険会社との2択ですか。

鳥嶋　文芸の編集者、特に集英社の『月刊プレイボーイ』❻をやりたかったのでそちらを選ん

❻ プレイボーイ（雑誌）：米国で1953年に創刊され、3年目で100万部に到達。ヌード写真でも有名だが、リベラルな政治批評など知的で教養ある雑誌としても定評があり、日本版は1975年に集英社が発行。アーティストの田名網敬一をアートディレクターに迎えたことでも有名になった。

だんです。でも内定して、まともに調べていなかった集英社から送られてくる「集英社の本」の見本はマンガばかり。だんだん嫌な予感がしてたんですよ。

内定者研修が終わって、ついに配属が決まるんです。研修後に人事が新入社員全員を連れて、ビルの上から該当部署に配属していくんです。ほとんどの同期が集英社ビルで配属されて、残ったのが私ともう1人だけ。当時、もう1つだけ別ビルがあり、そこに入っているのは『月刊プレイボーイ』編集部と『週刊少年ジャンプ』編集部。これは天国か地獄だなと思いながら連れられて、もう1人の同期が最初にプレイボーイ編集部に置かれていった時点でゲームセット。

「読みやすいマンガ」の特徴に気づき、読者アンケートが急上昇

中山　マンガが好きではなく、不本意な配属からのスタートだったんですね。当時はどんなモチベーションでやっていたんですか？　ちばてつやさんのマンガをもとに、ものすごい分析をされていたお話を聞きましたが。

鳥嶋　少年ジャンプのバックナンバーを読んでもちっとも面白くなかったから、くさってましたね。僕は残業したくないし、編集部にいると余計な仕事をふられるから、やることやったらいつも小学館の資料室で昼寝してたんですよ。当時、集英社の隣のビルだったので。そ

の資料室でマンガを読み始めてみたら、竹宮惠子さん[7]とか萩尾望都さん[8]のマンガに出会ったんですね。この人たちのマンガは知性もあるし、尖っていてとても面白かった。

それで気づくんですよ、「マンガがつまらないんじゃなくて、つまらないマンガがジャンプに載ってるだけなんだ！」って。

中山　しょっぱなから辛口すぎます（笑）。

鳥嶋　それで自分なりにどんなマンガがあるんだろうと、片っ端から読んでいくと、明らかに「読みやすいマンガ」と「読みにくいマンガ」がある。それぞれ見比べて読みやすいものを残していった結果、最後の最後まで残ったのがちばてつやさんの『おれは鉄兵』[9]だった。

1話19ページのすべてのコマについて、なぜこのコマ割りで、なぜこのアングルなのか、とにかく徹底して読み込んだ。50回くらい繰り返し読み込むと、コマ割りという「マンガの文法」に気づくんです。

中山　「マンガの文法」を自分で編み出したんですね！　そういう大事なことって、ジャン

---

❼　竹宮惠子（1950〜）：マンガ家であり京都精華大学名誉教授・元学長。代表作は『風と木の詩』『地球へ…』など、女性マンガの革新を担った「花の24年組」の1人。
❽　萩尾望都（1949〜）：マンガ家・女子美術大学客員教授。女性マンガ家として初めて紫綬褒章を受章。竹宮惠子とは1970年から2年間共同生活を送り、そこが「大泉サロン」として「花の24年組」を生み出す土壌となる。代表作は『ポーの一族』『トーマの心臓』。
❾　おれは鉄平：ちばてつや（1939〜）により1973〜80年に『週刊少年マガジン』で連載された破天荒な主人公が剣道に挑戦するマンガ。

プ編集部で伝承されているものかと思っていました。
鳥嶋　なにも教えてなんかくれないです。皆勝手にやってるだけ。僕も自分なりに考えだした「マンガの文法」を実践で使ってみようと、1人1人の新人マンガ家でそれを応用していった。するとみるみるマンガらしくなって、読者アンケートの結果も目に見えて上がっていったんですよ。それでマンガ編集って面白いじゃないか、と思えるようになったんです。

『ドーベルマン刑事』へのアドバイスと1位復活

中山　それがマンガ編集者としての最初の成功体験なんですね。その時期に平松伸二さん[10]の『ドーベルマン刑事』の編集にあたられますよね。
鳥嶋　『ドーベルマン刑事』も面白くなかった。コミックス1巻も読み切れなくて、途中で投げ出したくらい。キャラの描き分けができてなくて、キャラクターが全員面長で似たような顔になっちゃっていた。僕が担当になって武論尊さん[11]の原作に綾川沙樹という新しい女性キャラが出てきたんだけど、それも同じような顔立ちで、これは違うよなと思ったんです。
でも最初からそれは言い出せなくて、そのあと完成原稿まで全部あがってしまって、編集部に戻って入稿するタイミングになってから……どうしても気になって「やっぱりこれじゃ違うんじゃないか」と思った。ただ、何もなしに描き直してくれっていうのもあまりに失礼だったんで、何かないかと探したときに見つけたのが集英社の芸能雑誌『明星』の人気投票。第1位が榊原郁恵。このイメージで描いてくれないか、と平松さんにお願いをしました。そこから徹夜で平松さんが自分で描き上げてくれました。結果、読者アンケートの人気がググっと上がりました。

中山　平松さんの自伝マンガ『そしてボクは外道マンになる』でその経緯を拝見しました。『ドーベルマン刑事』はハードボイルドな刑事路線だったのに、担当になった鳥嶋さんがいきなり「江口寿史さんの『すすめ!!パイレーツ』[12]のようなポップでライトな感覚を取り入れないとダメ」「こんな女性じゃダメ」「ラブコメ要素を入れないと」などとアドバイスして、平松さんが不信感でいっぱいだった話が描かれてました。実際はもうちょっとマイルドだったわけですが、でもよく平松さんも修正を受け入れてくれましたね。

鳥嶋　当時人気がなかったので気を使ってくれたのかな、平松さん。あとで聞いたら、編集部はあと数か月で連載を終了させようというタイミングだったみたい。僕自体が上から「仕事ができない新人」と思われてましたからね（笑）。

[10] 平松伸二（1955～）：1974年『ドーベルマン刑事』でジャンプに連載デビュー、本作は1977年に映画化、1980年にテレビドラマ化される人気作となった。代表作に『ブラック・エンジェルズ』などがある。

[11] 武論尊（1947～）：マンガ原作者、本宮ひろ志のアシスタントをしていたが、編集者の西村繁男の勧めで原作者の道に進む。代表作に『ドーベルマン刑事』『北斗の拳』『サンクチュアリ』『HEAT-灼熱-』など。

[12] すすめ!!パイレーツ：1977～80年に週刊少年ジャンプで連載された江口寿史による野球ギャグマンガ。その後に連載されるラブコメ『ストップ!!ひばりくん!』とともに江口の代表作になっている。

中山　しかし結果的には、お2人のコンビが成功し、「(鳥嶋さんのアドバイス通りになって）編集者としての能力も見直さざるを得なかった！」と平松さんも描かれています。

鳥嶋　読者アンケートは十何位だったところから5位になった。それで原作者の武論尊さんも「よかった！」とノッてくれて、次回の話も脱稿してたのに、あえて綾川沙樹をメインにもってくるように描き直してくれて、それで3位になって、最終的に1位に返り咲いた。

　武論尊さんも「1位になったから取材費が出る、皆で山中温泉に出張にいくぞ！」って。あのころから、ああ、マンガ編集も面白いな！と思えるようになった。ちょうど「マンガの文法」を自分なりに発見したタイミングでした。

「仕事できない新人」と「マンガを描いたことのないマンガ家」が大ヒット連発

中山　鳥嶋さんが「仕事ができない新人」とみられていたのは信じられませんが、いつごろからその見方は変わったんですか？

鳥嶋　やっぱり『Dr．スランプ』でしょうね。新人作家と新人編集者で大ヒットを生んだので、社内的にも急に見られ方は変わりましたね。

中山　入社5年目のときに大ヒットを飛ばすわけですね。作者の鳥山明さん⑬って、全然マンガも読まないし、マンガ家を目指していた人ではないんですよね？

鳥嶋　鳥山さんは京都の広告代理店でイラストレーター兼デザイナーだったんですが、零細企業だったので撮影のカメラマンすら雇ってもらえなくて、自分でなんでもやっているような働き方をしていた。

そうした中、朝起きるのが苦手だったのと、後から入ってきた後輩と給料が変わらなかった、という事実に怒って会社を辞めちゃったんですよ。遅刻でいつも減給になってたから、まあ本人が悪いんですけど（笑）。

辞めて毎日親から500円もらってダラダラ生活していたんだけど、いつまでもそんなことはやってられない。そんな時、喫茶店でパラパラとマンガ雑誌をみてたら、マンガ賞の応募があって賞金がもらえると。そこで初めてマンガを描くんですよね。

中山　鳥山さん、懸賞金狙いでマンガ家を始めたんですね（笑）。

鳥嶋　ギャグマンガなら15ページ、ストーリーマンガなら31ページだったので、簡単に描き上げられるギャグのほうを選択して応募しようとして、応募の決まりを見ようとしたら見つからない。マガジンの漫画賞は半年に1回で締め切りが過ぎていた。で、ジャンプは毎月やってる、というので応募したものが僕に届いたんです。

中山　講談社でデビューしていた可能性もあったわけですね。選考はどういったプロセスな

⓭　鳥山明（1955～）：1978年に『ワンダー・アイランド』でデビュー、『Dr．スランプ』（1980～84年連載）は1981年にアニメ化され、小学館漫画賞も受賞。『ドラゴンボール』（1984～95年連載）は全世界累計2・6億部を記録する日本マンガ史の金字塔的な作品となった。

んですか？

鳥嶋　ジャンプ月例賞は若手編集者に有利な仕組みで、最初１人で粗選といって１５０件くらい毎月の応募作品を読んで優秀作を残す。そこに編集部内の２～３作を加えた10作品くらいのものを皆で選考するんです。その際、外からの応募作は若い編集者から順に指名権があるんです。ジャンプは新人編集者の２～３年目のうちに、いい新人マンガ家をスカウトしないと編集者としても生きていけなかった。そこで僕が鳥山さんをやりたいと手を挙げたんです。

中山　鳥嶋さん以外、誰も鳥山さんを推さなかったとも聞きました。どういうところに目をつけたんですか？

鳥嶋　そうですね、僕だけでしたね。彼は原稿がすごく綺麗で、効果音などの描き文字のレタリングもうまかった。歌手だってルックスがいいほうが目立つじゃないですか。同じストーリーを描くなら絵がうまいほうが有利ですよね。

中山　なるほど。そして５００枚ほどのボツ原稿を経て、『Ｄｒ．スランプ』に至るわけですね。アニメ化やライセンス化などでも記録的な数字を上げた作品ですが、当時社内ではマンガ以外への展開はあまり評価されていなかったとも聞きます。

鳥嶋　「アニメにするとキャラクターがすり減る」って編集部の人間が平気でいってましたからね。ジャンプの３００万部だって視聴率にすると３％ですよ。それよりも『Ｄｒ．スランプ』はアニメだと視聴率36％で10倍以上の人が見ているわけです。[14]本当に人気を広げているのはどっちなんだという話ですよ。だから僕はアニメに積極的に関わっていきました。
中山　そしてなんといっても鳥嶋さんと鳥山さんのコンビで生まれた『ドラゴンボール』ですよね。ジャンプの代名詞にもなりました。１９９１年にはジャンプの１０００票アンケートで史上最高の８１５票を得票するほど、独占的な人気を誇ります。１９９９年には米国のカートゥーンネットワークの局の視聴率記録も樹立しました。ただ、この作品も序盤から盤石だったわけではなくて、20話を過ぎたあたりは人気低迷で苦しんだそうですね。
鳥嶋　ヤムチャとかプーアルとか牛魔王とかいろんなキャラが出る中で、悟空が目立たなくなっていた。悟空のキャラが立っていなかった。読者アンケートの順位も10位以下まで落ちるようになって。このままじゃまずいと悟空以外のキャラを一度全部捨てたんです。
「悟空ってどういうキャラなの？」と聞いたら「強くなりたい」が一番のキャラだと鳥山さんは言う。それならと対照的な性格のクリリンというキャラを作り、亀仙人と３人だけにして、いったん読者の目線をそこだけに絞っていった。そして修行の成果を見せるために天下一武道会という悟空のための舞台も用意した。ドラゴンボールの骨格が決まったタイミングでした。

⓮『Dr．スランプ アラレちゃん』のタイトルでアニメ化され、視聴率36・9％のアニメ視聴率歴代3位を記録する大ブームを巻き起こした。

3 『ドラゴンクエスト』の舞台裏

ゲーセンでの遊び仲間と始めた企画が『ドラゴンクエスト』につながる

中山　鳥嶋さんのゲームとの関わりもくわしくお聞きしたいです。『Dr．スランプ』が大盛況だった時代に、ジャンプの巻末の読者コーナー「ジャンプ放送局」を1982年に始めます。

鳥嶋　新宿でロケテスト[15]をやっているゲームセンターがあったんだけど、2週間ごとにゲームが入れ替わるのでそこでよく遊んでいました。その遊び仲間がさくまあきらさん[16]で、彼の紹介で一緒に遊ぶようになったのが集英社の『Seventeen』でも仕事をしていたライターの堀井雄二さん[17]です。

中山　ゲーム業界を作り上げたレジェンドの方々ですね。「ジャンプ放送局」はどのようにスタートするんですか？

鳥嶋　どこのマンガ雑誌も巻末に読者コーナーをもっていた時代で、そこは部署の新人の仕事だったんですよ。僕はすでにデスクだったので普通はやらないんですが、当時ジャンプ編集部に力がなかったからなのか新人がしばらく取れない人員不足で、デスクだった僕に話がまわってきた。僕はやりたくなかったので、引き受ける交換条件として、自分のやり方でやらせてくれ、と。

まず4ページを8ページに増やして、それまでの構成担当者に降りてもらい、さくまさん主導でイラストレーターの土居孝幸さん⑱なども引き込んで、外部の人とチームで作る特集にしていった。コンセプトは「マンガが描けなくてもハガキ1枚でジャンプに載れる」。

中山　そのジャンプ放送局のメンバーがそのまま『桃太郎電鉄』の企画者たちですね！　これをきっかけに、ゲームクリエイターたちとつながりができたんですね。PCの特集も組まれてましたよね。ジャンプなのに。

---

⑮　ロケテスト：新しいゲームをリリースする前に、試験的にゲームセンターの店舗で一定期間プレイをしてもらい、ユーザーの反応をみる「ロケーションテスト」を行っていた。

⑯　さくまあきら（1952～）：『桃太郎電鉄』シリーズなどのゲーム原作者。1982～95年『ジャンプ放送局』の構成を担当する。立教大学漫画研究会に所属時、早稲田大学の堀井雄二や土居孝幸と出会い、ライターとして独立しながら、『子連れ狼』などで知られるマンガ原作者の小池一夫の一番弟子として劇画村塾に入塾。北海道で蟹を食べようという口実でハドソンに桃太郎シリーズのゲーム企画を持ち込んだ。

⑰　堀井雄二（1954～）：『ドラゴンクエスト』のゲームクリエイター。早稲田大学漫画研究会時代に漫研の書籍を執筆したことをきっかけにフリーライターとなり、PCゲーム『ポートピア連続殺人事件』を手掛けるなどゲーム開発でオ能を発揮していった。

⑱　土居孝幸（1955～）：『桃太郎電鉄』シリーズのキャラクターデザイナー。早稲田大学漫画研究会に所属し、『ぶりっ子！リトル』など複数の雑誌でマンガ連載もしていた。

鳥嶋　PCって当時は高かったので本当は読者層には買えなかったんですよ。20万〜40万円するものだから、編集部ですら買えなかった。そこで堀井さんとPCショップの店頭に行って、PCを借りて撮影させてもらったり、交換条件に鳥山さんのサイン色紙をあげたりして、なんとかゲリラ的に特集を組んでましたね。

中山　ゲームにはどうつながるんですか？

鳥嶋　エニックス[19]を立ち上げたばかりのメンバーの千田さん[20]の持ち込み企画があったんです。エニックスは、これからゲームが来るんじゃないかとPCソフト流通の事業を3人のメンバーで始めていた。でも肝心のPCソフトがないっていうので、なけなしの100万円でコンテストをやってソフト募集をしようという話になった。メディアに宣伝してもらうために、テレビはNHK、雑誌はジャンプに話の持ち込みがあったんです。これは面白いと思って、ジャンプの独占にしてくれと話をしたんです。

中山　そこでライターを依頼したのが堀井さんだったわけですね。彼自身もライターなのに自作の『ラブマッチテニス』を応募して佳作を受賞した。あとは中村光一さん[21]ですよね。

鳥嶋　このコンテストは中村くんが出てきただけでも大きな価値があった。当時高校生だったんで、中村くんはPCを持ってなかったんですよ。あの『ドアドア』はショップで店員と仲良くなって、店頭でプログラム書き上げたという話があるくらい。一種の天才ですね。

受賞後にエニックスの千田さんが、受賞した堀井さんと中村くんの2人の組み合わせでゲームを作りたいという相談があった。そこでアイデアのもとになったのが米国の『ウィザードリイ』と『ウルティマ』だったんです。[22] 実はコンテストのご褒美として、彼らはロサンゼルスのアップルに取材出張に行ったんですよ。僕もそこに便乗しました。

中山　え、鳥嶋さんも行ったんですか！　スティーブ・ジョブスが追い出される直前くらいですよね？

鳥嶋　当時ＰＣソフトの特集をしていたけど、日本のものって、じゃんけんしたら女の子が服を脱ぐみたいなつまらないものばかりだったんですよ。いいソフトはほとんどアップルのソフトだったから、出張でたくさん買い込んできて、特集するためにプレイしていた。

説明書が全然ない時代で、当時ＡＳＣＩＩ『ログイン』の河野くん[23]にギャラを払ってプレイしてもらいながら、どういうふうにプレイするかつかんでいった。それが『ドラゴンクエ

⓳ エニックス：福嶋康博（１９４７〜）が創業した。福嶋は日本大学卒業後に米・印・東南アジアを放浪。その後、公団住宅情報誌事業を１９７５年創業、寿司ロボット事業の失敗後、１９８２年にエニックスを創業し、「ゲーム・ホビープログラムコンテスト」を展開。第１回は３００作品の応募があった。

⓴ 千田幸信（１９５０〜）：１９７４年にＣＩＳ入社、１９８２年に福嶋康博とともにエニックス設立に参画、その後スクウェア・エニックス取締役。１９８６〜２０００年ごろまで『ドラゴンクエスト』シリーズのプロデューサーを担当する。

㉑ 中村光一（１９６４〜）：現スパイク・チュンソフト取締役会長。高校３年生の時に『ドアドア』で準優勝にあたる優秀プログラム賞で50万円の賞金獲得。電気通信大学時代の１９８４年にチュンソフトを創業、『ドラゴンクエスト』はⅠ〜Ⅴまで開発に関わる。その後『弟切草』『かまいたちの夜』『風来のシレン』などを手掛けてきた。

㉒ 『ウィザードリィ』は１９８１年にアップルⅡ用ソフトとして発売された３ＤダンジョンＲＰＧ、『ウルティマ』は１９７９年に発表されたアップル向けの２Ｄフィールドスタイルのﾛ RPG。ダンジョンばかりの『ウィザードリィ』と、戦いがつまらない『ウルティマ』の良いところを組み合わせて、『ドラゴンクエスト』シリーズが作られた。

㉓ 河野真太郎：１９８２年に発刊された『ＡＳＣＩＩ別冊ログイン』の４代目編集長。

スト』[24]につながっていったんです。

毎日、午後3時くらいになると、編集部の電話が鳴りっぱなしになった

中山　『ドラゴンクエスト』の舞台裏にも鳥嶋さんがいたというのは衝撃的な話です。私も小学生時代、まさにここからゲームの世界に入っていってました。PCの特集をするなかで「ファミコン」の可能性はどう感じていたのですか?

鳥嶋　絶対に来ると思ってましたね。任天堂のファミコンは圧倒的に出来が良かった、特にコントローラーが。それまでの家庭用ゲーム機はジョイスティック型が多かったんですが、キャラクターがぴたっと止まらないんですよ。アクションゲームだと致命的ですよね。ファミコンだと十字キーとＡＢボタンでぴたっとキャラが止まる。これはスゴイ、と。

中山　ファミコンの企画は読者アンケートで一時期3位になったみたいな話もありましたよね。

鳥嶋　『ファミコン神拳』ですね。「最近『コロコロ』がゲーム特集ですごく人気を伸ばしている」というので副編集長から話があって、立ち上げました。

そのときにも引き受ける条件を2つばかり突きつけました。「『コロコロ』の2色よりも豪華に4色刷にすること」「ゲームの裏コマンドを暴いていく中で多くのゲームメーカーから

クレームがくるから、それを全部ブロックしてくれ」。その条件の上で、僕と堀井さんと宮岡寛くん[25]の3人で忖度なしにゲームの中身を評価するページを作っていきました。読者アンケートでは、1位がドラゴンボールで、3位にはファミコン神拳、となるような人気企画となります。

毎日、午後3時くらいになると、編集部の電話が鳴りっぱなしになった。学校が終わってすぐに読者が「コマンドが入らない」とクレームや質問を入れてくるからです。編集部もパンクしてしまって、中の人間だけだとよくわからないっていうので、堀井さんたちにギャラを払って電話応対してもらってましたね。

中山　しかし、『ドラゴンボール』の編集者もやりながら、よくロサンゼルス出張したり、『ウルティマ』したりされてましたね。仕事が複次元すぎて、同じ人間がやっているとはにわかに信じ難いです。マンガの編集をしているとゲームをやってる時間なんてないのでは？

鳥嶋　時間を捻出してゲーム1本あたり10時間とかかけてやりこんでましたよ。鳥山さんは原稿ちゃんとしてるんで、特に問題はなかったですね。

もともと残業をしないというのもあったし、僕は入社以来一度も原稿を待ったことがない

[24] ドラゴンクエスト：1986年にエニックスから発売されたRPGゲームの金字塔。全シリーズ合計で累計8300万本が出荷されている。

[25] 宮岡寛（1958〜）：『メタルマックス』シリーズプロデューサー。早稲田大学時代からフリーライターをしながら『週刊少年サンデー』では土井孝幸と組んで「めざせ！マンガ家」特集、『ドラゴンクエスト』ロト3部作の制作などに関わる。1988年にゲーム会社クレアテックを設立、2022年からはCygamesに移籍している。

んですよ。先生の原稿待ちで自宅に詰めるとか、ああいった非合理的なことは一切しない。だから業務時間が終わってから、ゲームをしたりしている時間が十分にあったわけです。

中山　ただ、人気だった『ファミコン神拳』も1988年に終了になってしまいます。なぜ続かなかったんでしょうか?

鳥嶋　『ファミリーコンピュータMagazine』や『ファミコン通信』が出てきて、だんだん裏コマンドは詳しい人間が解析する時代に入っていた。そうした中で文系3人組の我々では太刀打ちできなくなったというのもあるし、あとやっぱり仕事が大変は大変で、マンガの編集をやりながら特集もやってゲームの単行本までやっていたから、僕も1年が限界だった。あのときは1か月毎日、堀井さんと3食食べてましたからね。堀井さんもエニックスの仕事が忙しくなって、2人ともだんだん離れていった。それで終了ですね。

面白がってやれないものは仕事じゃないと思ってた

中山　でもこの企画が1995年の『クロノ・トリガー』[26]につながるんですよね。ファイナルファンタジーの坂口さん[27]に鳥嶋さんがいきなりダメ出しをして、『クロノ・トリガー』に展開した話も大変面白かったです。ここまで大きなゲーム作品に関わりながら、鳥嶋さんは完全にボランティアだったんですよね?

鳥嶋　そうですね、当時は「ミダス王」[28]を自嘲してました。僕の手が触れるものは黄金になるけど、僕自身はそれで食えるわけじゃない。あくまでサラリーマンでしたから。

中山　1990年代のミダス王って、音楽の小室哲哉さんと、アニメの宮崎駿さん、マンガの鳥嶋和彦だったんじゃないかと感じました。当時これだけ大きな影響力を抱えて、プレッシャーみたいなものはなかったのでしょうか?

鳥嶋　いや、それはなかったですね。そもそも僕は「あの週刊少年ジャンプだから」みたいなスタンスが嫌いで。あくまで一雑誌の編集者に過ぎないし、サラリーマンに過ぎない。僕のまわりで儲かる人が出ればいいなという気持ちでやってました。

中山　マンガ編集をやりながらのゲーム特集やゲーム作品への関与には、反対の声もあったと聞きます。

鳥嶋　ジャンプにはマンガ第一主義みたいな勢力がいたからね。いろいろ言われました。ア

㉖ クロノ・トリガー:1995年にスクウェアから発売された同作は「平成で最も評価されたゲーム作品」とも言われ、累計550万本を出荷。『ファイナルファンタジー(FF)』の坂口博信とドラクエの堀井雄二のコラボ作品。鳥山明が最初に描きあげたキャラクターと絵に沿って、あとからゲームのプログラミングを描いていく、Uーファーストのゲーム開発は当時としては画期的であった。

㉗ 坂口博信(1962~):大学在学中の1983年に徳島県の電気工事会社「電友社」の東京支社にアルバイトとして入社し、ソフト開発部門「スクウェア」に配属。『ドラクエ』の成功をみて1987年『ファイナルファンタジー(FF)』を開発、シリーズⅢをもって鳥嶋和彦と会ったら、初対面で「FFがいかにダメなのか」と説教されたが、「歯に衣着せぬ言葉にひそむ真実に影響され」て付き合いが始まる。

㉘ ミダス王:ギリシャ神話で触れるものすべてを黄金に変える王様。最後は食べ物や飲み物、自分の娘まで黄金に変えてしまい、その手を呪うことになる。

ンケート結果が流出するから、外部の人間を入れるなんてとんでもないとか。マンガ雑誌なのに、鳥嶋は何ヒマなことやってるんだよ、とか。

でも狭い視界の中でやっていて、「子供のため」とか言いながら子供をみていない感じがして、「どうなんだろう」とずっと思ってました。こちらからすると「子供が面白いものなら、何を載せてもいいじゃないか」と思ってやっていた。

中山　たしかに。鳥嶋さんは、縦横無尽に動かれながら、そのいずれも歴史的な成果に結びついた。神がかっているかのようにも思えます。

鳥嶋　面白がってやれないものは仕事じゃないと思ってた。僕は、イチバン嫌いなのは我慢とか努力なんだよね。

会社のお金を使って、会社の人間とご飯を食べて、会社の文句を言っている、という人間が多くて、なんてつまらないんだろうと思っていた。だったら会社のお金を使って、外の人間と面白いことをやろう。そればっかり考えてた。だからマンガ雑誌なのにゲームをやるのは云々とか、ジャンプだからこそ、みたいなことは考えてませんでしたね。

4 ジャンプ再生、部数は見るな!

異例の事態で編集長に「ならなかった」

中山　第3代編集長の西村繁男さんが[29]「600万部達成の快挙は、鳥山明の破壊的なパワーを借りて初めて実現し得たことは、誰も否定できないだろう」と書いているように、それを新人時代から作り上げた鳥嶋さんは当然編集長候補にあがります。ただその後、取締役会で内定していた鳥嶋さんに対して、第4代編集長の後藤広喜さんが[30]後継として1993年に第5代編集長に抜擢したのは堀江信彦さんでした[31]。取締役会での決定が現場に覆されるという異例事例だったと西村さんが残してますが、これはどういう経緯だったのでしょうか?

[29] 西村繁男（1937〜2015）：1962年集英社入社、68年のジャンプ創刊編集長の長野規とともに立ち上げ、本宮ひろ志、梅本さちお、川崎のぼるなどを担当。78年より第3代ジャンプ編集長。89年に役員待遇となるも94年に退社。ジャンプ時代をつづった『さらば、わが青春の『少年ジャンプ』』（飛鳥新社、1994）でも有名。

[30] 後藤広喜（1945〜）：1970年集英社入社。『アストロ球団』『ドーベルマン刑事』などを担当、1986年から生え抜き第1号としての第4代ジャンプ編集長。集英社取締役を経て、2012年に退社。

鳥嶋　そこは僕も知らないんだよね。どこかで噂で言われているみたいだけど。確かに過去、集英社の歴史で編集長代理からそのまま編集長に「ならなかった」事例は僕しかいない、という珍しいものだった。だから入れ知恵する人もいて、「鳥嶋くん、これは抗議するか辞めるかしたほうがいい」と。

でも、僕はそもそも週刊少年ジャンプの編集長になりたかったわけでもないし、頭を下げたり交渉するのもいやだったんで、考えていた『Vジャンプ』[32]の企画を立ち上げたんです。

中山　サラリーマンとしての挫折というかショックのようなものはあったのでしょうか？

鳥嶋　全然。「あ、そう！」くらいなもので。そもそも新しいことをやるほうが好きだったし、僕の中ではもうマンガだけで引っ張る時代は終わると思っていた。マンガ、ゲーム、アニメが1つの画面のなかに共存する時代がくると思っていたから。

中山　『Vジャンプ』はどのように立ち上げられるのですか？　創刊号44万部と好スタートを切った雑誌で、そこから多くのゲーム関連本も出版されました。

鳥嶋　社内の編集者を使うと原価で380万円の「人頭税」が乗っかるんですよ。しかも、人事に「人くれ」って言ったって優秀な人間がくるはずがない。だから社内スタッフは3人だけにとどめて、あとは外部の仲間を集めて作りました。弁当を55個発注してたから、外部の人が50人以上はいたはずですね。

でも外部のほうが安いとはいっても、ページ単価だとさすがに希望のお金は払いきれない。そこでゲーム単行本を出すときの印税を充てて支払うことにした。作家でもないのに印税を払うという仕組みがなかったから、会社と交渉が必要だったけど。
中山　鳥嶋さんは、いつも契約条件などの数字をきちっと最初に提示されてきたそうですね。
鳥嶋　すべて数字で仕事します。何ページで単価はいくらで納期はいつ、というのは必ず仕事のはじめに決めてやっています。受けるほうは聞きにくいじゃないですか。だから出すほうがはっきりしないと。僕がサラリーマンで安定している分、リスクをとって時間や才能を拘束しているクリエイターにはきっちり儲けてほしい。儲かったら僕にご馳走してよ、というくらいの気持ちでやってました。

「ライバルはマガジンじゃなくてコロコロだ」

中山　そうした中でジャンプ編集長の話が舞い戻ってきます。1996年、第6代として鳥嶋編集長が誕生します。当時、ジャンプ編集部をどう見られていたんですか？

❸❶ 堀江信彦（1955～）：1979年集英社入社。『北斗の拳』『シティーハンター』を担当し、1993年に第5代ジャンプ編集長に就任。1996年に退任。2000年に退社。その後はマンガ家の原哲夫、北条司、次原隆二とともにコアミックスを起業。
❸❷ Vジャンプ：V（ヴァーチャル）の意味を加えて週刊少年ジャンプから派生したマンガ月刊誌。1993年発刊。『ドラゴンクエスト』シリーズや『ファイナルファンタジー』シリーズなどゲームの新着記事、攻略記事も掲載され、2022年現在でもゲーム・エンタメ系雑誌の中では最大となる部数14万部を誇る。

鳥嶋　ジャンプの強みだった「新人作家の育成」がおろそかになっていて、冒険する部分がないマンネリな雑誌になっていた。部数主義を追求した結果、新陳代謝ができない体制になってましたね。

僕は『Vジャンプ』で忙しかったし、戻るつもりはなかったんです。3か月拒否し続けた挙句、もう他に選択肢がないというので、最後は「もう部数は戻りませんよ」という前提で引き受けたんです。

中山　編集長になって、どんなことを変えたんですか？

鳥嶋　編集長なんて現場仕事は半分で、残り半分は社内政治。上をどうやって説得するか。部数ばかり気にして、「マガジンに勝った、負けた」だのに一喜一憂していた。そのプレッシャーに押しつぶされそうだった編集部に、部数に変わる新しいモチベーションが必要だった。そもそも何百万部突破、なんて読者からしたら何の関係もない話だしね。

そこで部数じゃなくて、部署の利益だ、と。コミックもマーチャンダイジングも合わせてトータルで利益を上げているかどうかで判断すべきだ、という形に変えていきました。

中山　そして『マガジン』をベンチマークからはずすんですよね？

鳥嶋　そうです。ライバルは『マガジン』じゃなくて『コロコロ』だ、と。マガジンは編集が強く手を入れてストーリーを作っていく。キャラクターを作る雑誌でいうと、むしろジャンプの競合はコロコロだった。小学生の低学年から高学年の情報をキャッチしてメーカーとタイアップしながら作っていくコロコロは、「編集の手がみえる」という意味で小学館で唯一の雑誌だった。

中山　よくおっしゃってますよね、「成り行きで作るサンデー（小学館）、編集が強く物語で引っ張るマガジン（講談社）、作家ととことんまで打ち合わせしてキャラクターを作るジャンプ（集英社）」と。

鳥嶋　『コロコロ』の先に、小学校卒業くらいからのユーザーをそのままジャンプが押さえて離さなければ、ジャンプの部数は今後安泰だと思った。前の編集長時代の企画は全部捨てて、「もう企画はないよ。あとは新しいのを自分たちで作っていくしかないよ」と、新人作家を発掘するように変えていった。

中山　そこから『封神演義』『テニスの王子様』など女性向けも生まれて読者層にも変化が見えた。『ONE PIECE』『NARUTO-ナルト-』など現在までのジャンプを支える次の作品群もこの時代に生まれています。社内政治ということでしたが、逆に編集長として不本意だけどやらないといけないジャンルなどもあったのでは？

鳥嶋　会社って理不尽なものでね。社長から呼ばれて「探偵モノをやれ」と言われたことはありましたね。マガジンには『金田一少年の事件簿』があり、サンデーには『名探偵コナン』がある。僕がずっと拒んでいた話で、マンガはジャンルじゃないんだ。魅力的なストーリーとキャラを描けるかどうかだけだから、トップダウンでジャンルだけ合わせて作っても当たるわけがない。

でも他部署で社長に入れ知恵したヤツがいたんだよね。言うことを聞くしかなくなって、

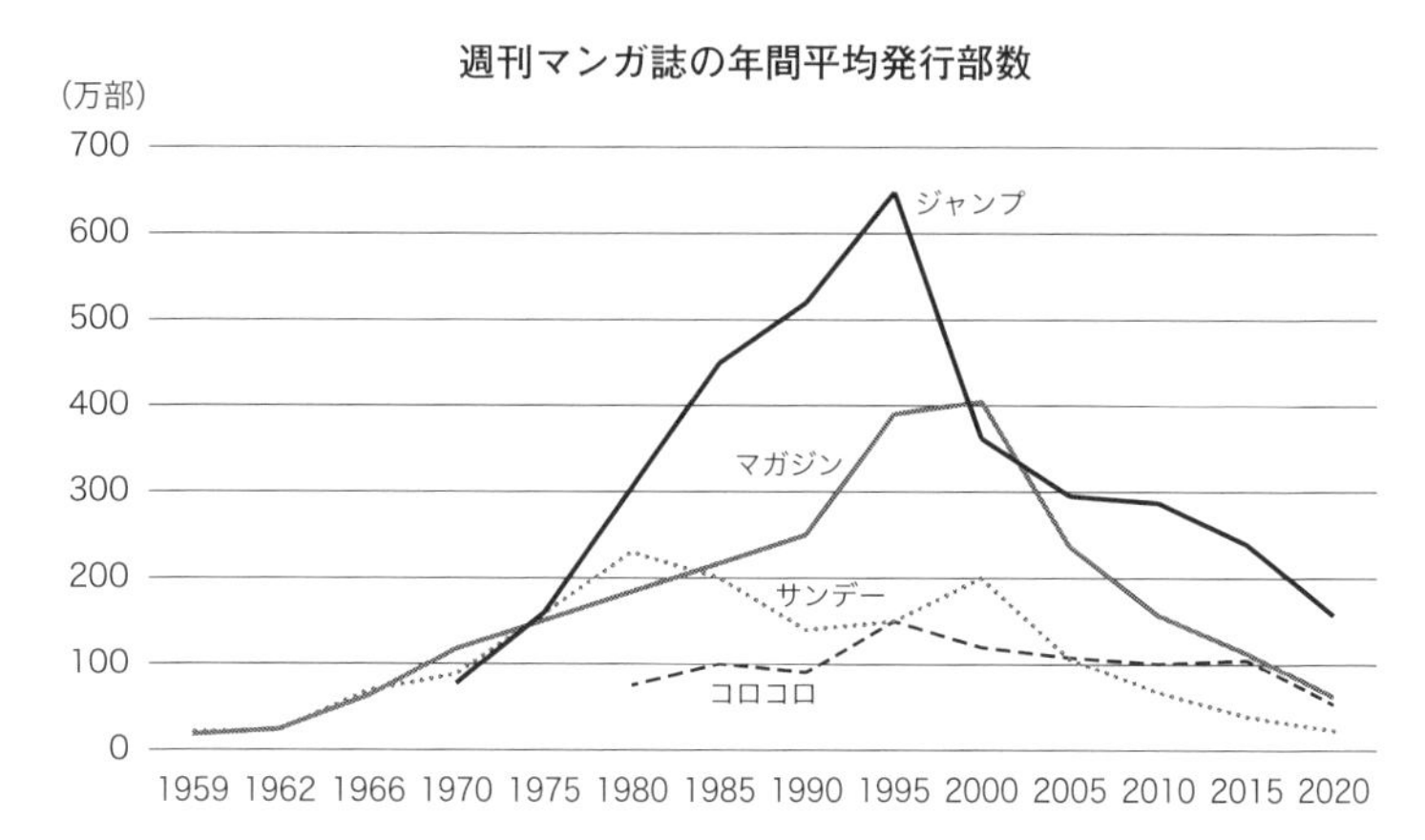

出典）各媒体広報資料より。計測できなかった年は「年間平均」ではなく一時点の発表発行部数を入れている

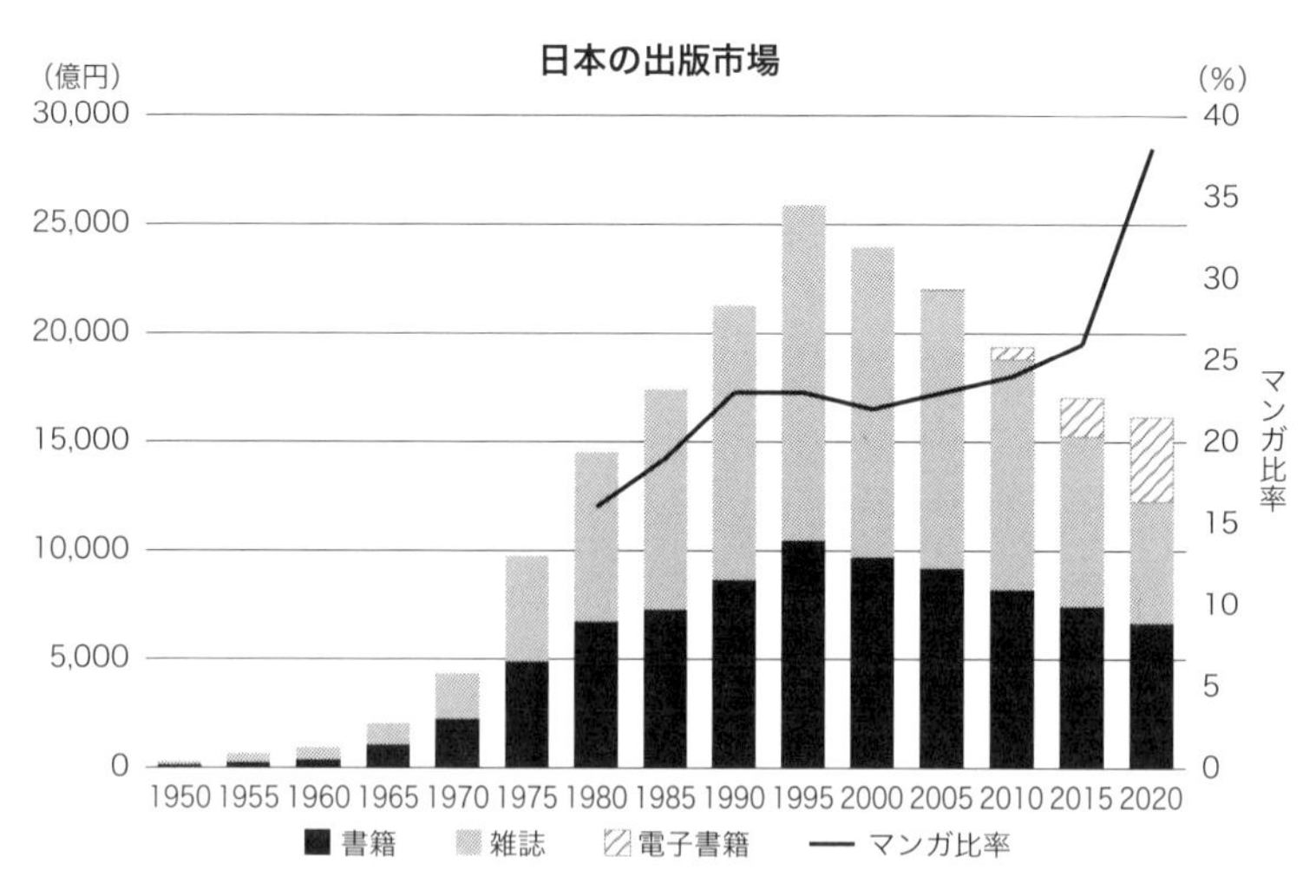

出典）『情報メディア白書』

編集部に戻ってきてゴミ箱を蹴っ飛ばしました。それで作った『少年探偵Q』は、やっぱり当たらなかった。

会社ってそんなものです。雑誌のことなんか考えていない。それは今もって同じ。本当に数字を読める経営者ならいいんだけど、中途半端に解釈して、雑誌のことを何も考えずに押し付ける。

編集長のときも、役員のときも、現場の皮膚感覚をつかむように仕事してました

中山　2001年に第7代編集長の高橋俊昌さんにジャンプを引き渡し、2002年にライツ事業部を兼任、2004年には常務取締役になります。「編集長後」というのはどういった仕事になるのですか?

鳥嶋　それがね、編集長を外れて何するんだろうとまわりをみても、いい事例がないんですよ。だいたい編集長たちがはずれたあとに何をしているかって見たら、後輩を呼んで雑誌の感想を言う。これが主な仕事になる（笑）。

自分が編集長だったときに一番何が嫌だったかと思い出した。「余計なことを言って邪魔をする」。これだけはしないようにしましたね。現場が仕事をしやすいようにするにはどう

したらいいか、というのを考えた。それで何をするかっていうと、半年に1回、よく顔を合わせる編集長と副編集長は除いて、下のメンバーと30分ずつ1対1で話をする、というのをやってました。

これは実は編集長のときから同じなんですよ。「家庭訪問」と称して、編集長の私と担当編集とマンガ家で30分話す。その後、担当編集には帰ってもらって2人で話す。すると結果的にわかったことは、トラブルはクローズな環境から来るものだということ。クレームの半分は担当編集に対するもので、そこが伝導不良だと編集部にまでマンガ家の声が届かないんです。マンガ家が仕事しやすいように、そうした要素を排除していく。

そうやって編集長のときも、役員のときも、現場の皮膚感覚をつかむように仕事してましたね。

鳥嶋さんのヒストリー

1970年代：不本意な配属で少年ジャンプ編集部へ。「マンガの文法」を編み出し、新人マンガ家の鳥山明との出会う

1980年代：『Dr.スランプ』『ドラゴンボール』などマンガ界トップ作品を創出。ジャンプ誌面でゲームの企画を開始し、ゲーム界トップ作品の『ドラゴンクエスト』にも関与

1990年代：『Vジャンプ』を創刊。その後、第6代の少年ジャンプ編集長に

2000年代：集英社の役員時代、ジャンプの海外展開や小学館との協業事業を推進

2010年代：白泉社社長として、6期連続赤字だった同社をV字回復させる

2020年代：独立 、複数社の顧問として活動している

5 海外市場とウェブトゥーン

頭がいい人間ってのは説明がシンプルなんだよね

中山　ジャンプの海外事業展開はどのように始まったんですか？

鳥嶋　『ジョジョの奇妙な冒険』の荒木さん[33]がきっかけなんだよね。独立した堀江くんが「コアミックスとして海外展開するから」と荒木さんに声をかけたんですよ。それで対抗策として集英社も北米に展開しないといけないタイミングで、小学館が10年以上前から米国で展開してきたビズ・メディアがジャンプの英語版を発行したいと言ってきた。

それでオープンに他の会社にも情報を流して、コンペにした。ダークホース社なんかもプレゼンを出してきたんだけど、最終的にはビズ・メディアで決まったんです。ただライセンスだけっていうのは嫌だったので、資本も入れてビズ・メディアは小学館と集英社の合弁会社になった。

中山　『SHONEN JUMP』は2002年にビズ・メディアから発刊され、一時は北米で20万部まで行きましたが、その役割はデジタル配信に譲り、2012年に北米での紙の流通をやめています。集英社はその後、2008年にアニメライセンスの小学館プロダクションに出資して、鳥嶋さんは取締役についています。「ライセンス展開で弱みがある集英社」と言及されていましたが、ついに両社の強みが生かされる座組になったのかなと思いますが。

鳥嶋　うーん、理屈はそうだったはずなんだけどね。それは今をもっても良かったのかどうか（笑）。アニメを海外に出していくのは、日本からライセンスが紐づいていることが多いから、小学館プロダクションに出資して「小学館集英社プロダクション」となりました。

ただね、集英社と小学館ってグループ会社ですけど、体質が違いすぎるんですよ。こちらは戦国武将だけど、小学館はお公家さんみたいで。ものすごいちゃんとしたことを言うんだけど、動かない。だからいろいろ苦労しましたね。

中山　役員として鳥嶋さんがいることで、集英社の経営も変わっていった部分もあるのでしょうか。ドワンゴの川上さん[34]と会って「こいつはすごい！」と見いだしたそうですが。

鳥嶋　彼は変わりもんだったね。現場が、ニコニコ動画っていう海賊版に作品が荒されているってクレームを言っていた。その後、彼に会って直接話を聞く機会があった。最初にドン

[33] 荒木飛呂彦（1960〜）：専門学校在学時代の1980年に『武装ポーカー』で手塚賞に準入選してマンガ家デビュー。1987年『ジョジョの奇妙な冒険』は2004年までジャンプで長期連載、その後も『ウルトラジャンプ』で現在も連載が続いており、シリーズ単行本は100巻、累計で1・2億部が発行されている。

[34] 川上量生（1968〜）：KADOKAWA取締役。1997年に創業したドワンゴで2006年に始めた「ニコニコ動画」は日本を代表する動画配信サービスとなり、2014年にKADOKAWAと経営統合。

と机の上に漆塗りのPCを出してきて「ヤバい奴じゃないか」と思ったけど、話を聞いてみたら非常に明快で。頭がいい人間は説明がシンプルなんだよね。それで現場にも「話をつけてきた。ニコ動はOKにしたから」と伝えました。

中山　現場もびっくりでしたでしょうね（笑）。でもマンガも数字が厳しくなって下り坂に入っていた2000年代、ニコ動との連携であったり、事業のピボットが必要だったのでしょうね？

鳥嶋　マンガ雑誌はそうでしょうけど、トータルでみたマンガビジネスが下り坂だったという認識はなかったですね。そもそも問題は、出版社がマンガで得た利益を赤字雑誌の「補填」に使ってきたということですよ。マンガに戻さずにね。

マンガとウェブトゥーンの比較は意味がないと思います

中山　外資の脅威はどうでしょうか？　韓国のウェブトゥーンについてはどう考えられてますか？

鳥嶋　マンガとウェブトゥーンの比較は意味がないと思いますよ。10年後もウェブトゥーンがあの形でやっているかどうかわからないし。あれはスマホの縦スクロールに合わせて、新しく発明された「韓国マンガ」という認識です。

中山　ウェブトゥーンがどこまで続くかわからない？

鳥嶋　『ドラゴンボール』と『セーラームーン』で日本のマンガは一気に世界に広がりましたけど、流行がひいたあと、海外の出版社はほとんど取り扱いをやめてしまった。残ったのはフランスとアメリカだけ。なぜその2つの国でマンガが残ったかと言えば、もともとフランスはバンドデシネがあって、アメリカはアメコミがあった。それぞれの国でのマンガ市場が根付かない限り、結局は続かないんです。韓国のマンガにも頑張ってほしいですよね。

お金のためにやるだけのエンターテイメントは続かない

中山　ウェブトゥーンは日本マンガより優れている部分もあるようにも思います。大量の資本を投下し、分業体制で量産しつつ、雑誌・コミックスではなく映像化と原作収入によって経済圏を大きくしている。これまでの日本の出版社のモデルを覆すような。

鳥嶋　僕からすると、スマホでマンガが読まれなくなっているとか、見開き型じゃダメだとか言う前に、単純に今のマンガが面白いかどうかということ。「今の子供」に向けてキャラクターが理解できるように作れていないということでしかないと思います。現象面だけ捉えて中途半端に分析すると、よくこうなります。

中山　縦スクロールだろうと見開きだろうと、作家主義だろうと分業主義だろうと、「今の

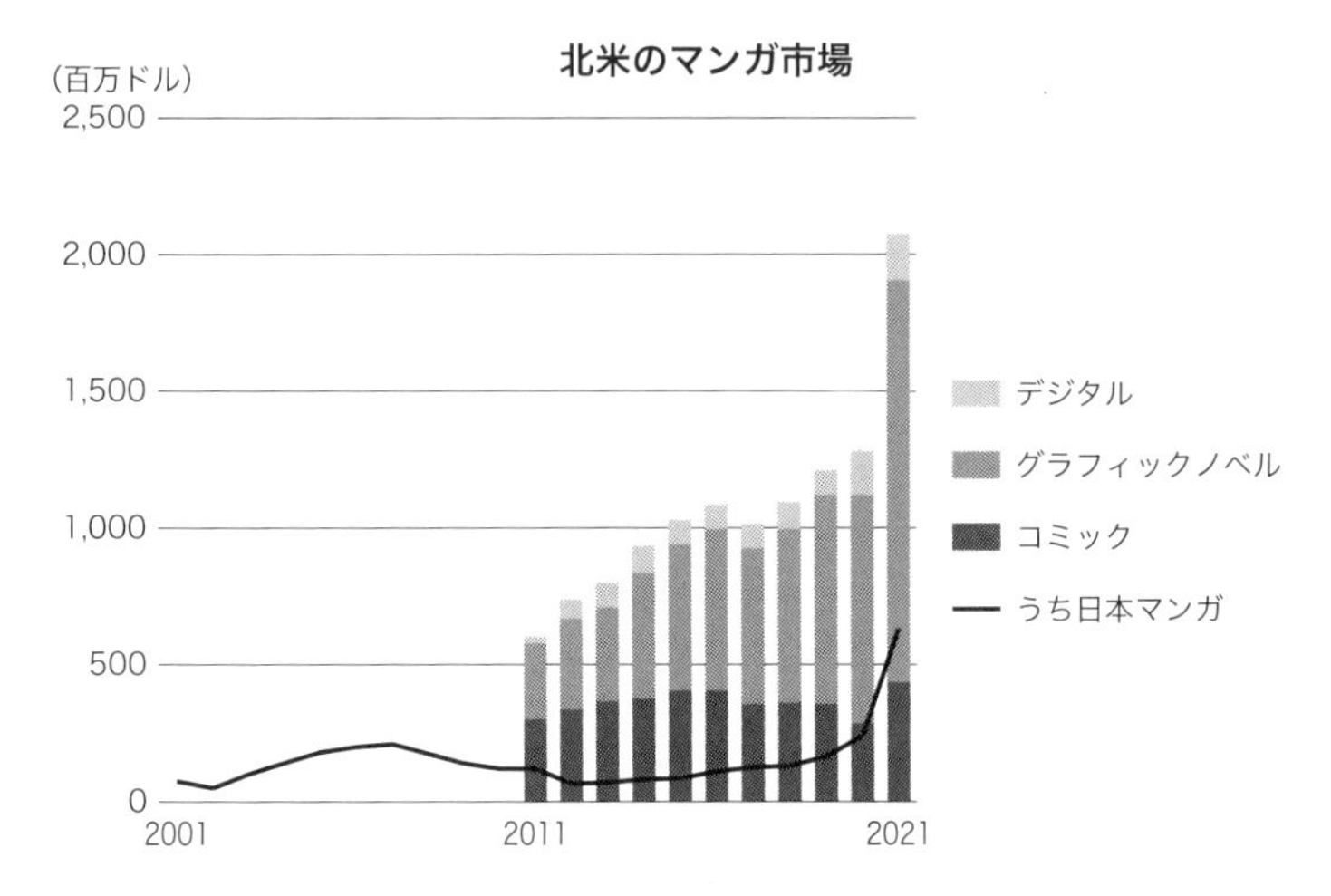

出典)Icv2, Nielsen Bookscan

読者に合わせた面白いものができているかどうか」が重要であり、あとはそれがどこまで「続けられるか」という観点でこの現象を見るべき、ということでしょうか。

鳥嶋　マンガがお金になるようになって、マンガ誌を作っていなかった会社、たとえば文藝春秋、マガジンハウス、光文社などがマンガに参入してきてますよね。ただ集英社、講談社、小学館がなぜ強いのかというと、50～60年もそれを続けてきた歴史があるから。ウェブトゥーンなどで参入する会社がどこまでマンガをやり続けて、投資をし続ける覚悟があるかどうか次第だと思ってます。

お金のためにやるだけのエンターテイメントは続かない。才能に投資して続けることができないものは滅びます。

6 白泉社のV字回復

「お金を使うな」から「お金を使え」に変えました。どんな事業も投資を怠れば衰退

中山　２０１５年に白泉社の社長になりました。６期連続赤字の会社に行って、どんなことをされたのでしょうか？

鳥嶋　それまで白泉社には1回しか行ったことがなくて、全然接点がなかったんですよ。それで何もわからなかったから、社員に直接聞こうと。白泉社の１００人全員と面談しましたね。

中山　１人ずつと話しただけで、問題はわかるものですか？

鳥嶋　話せばわかります。マンガだってすべて言葉ですから。どんな言葉で自分の仕事や課題を表現しているか。じっと聞いていれば、それで解決すべきことはわかるんです。

ものごとって、本来はすごく簡単なんです。問題なのは、自分の都合でしかものを見られなくなること。

中山　話を聞いた結果、具体的にはどんな改革をされたのでしょうか?

鳥嶋　「お金を使うな」から「お金を使え」に変えました。どんな事業だって、設備投資を怠れば衰退します。出版社の「設備」は取材費や企画費です。ここを削っていけば、それはいい作品も生まれなくなる。

2人だけに絞っていた新卒採用枠も広げました。2人だけだと「本当に優秀な男性・女性社員」しかとれない。でも少なくとも4~5人採用枠があれば、残りで「面白そうなやつ」を取る余裕もできる。

人事はメッセージですから。密室でやっていた人事や経営の数字も、全部オープンにして誰でもわかるようにした。優秀なやつはどんな手段を使っても数字を取りにくるもんです。だったらそんな時間の無駄をさせず、こちらから全部与えちゃうほうが手っ取り早いですよね。

中山　編集者時代から徹底されている数字主義・オープン主義は、経営者になっても貫かれていたんですね。結果として白泉社はどう変わったんですか?

鳥嶋　おかげさまで私の就任後はずっと黒字です。

中山　すごいですね、そんなにすぐに変わるものなんですか?「出版社の再建」ってあまり成功事例も多くないですよね。

鳥嶋　そもそもたいした産業じゃないから。100人程度の中小企業です。トヨタとかソニーとか大きな企業からしたら、たいしたことじゃないです。

ユーザーだけを見て、才能を育てる。この2つだけやればいい

中山　鳥嶋さんの仕事のモチベーションって、どういうところにあったんでしょうか？

鳥嶋　「こうしたい」というのがあったわけじゃないんですよね。目の前に才能が出てくると気になって、もっと世の中に知ってもらいたい、この人とこの人を組み合わせたらどうなるかというのを面白がってやり続けてきた結果として、こうなっている。

　クリエイターには、頑張ったからには預金通帳の残高を上げてほしい。クリエイターがお金で時間を買えるようになってほしい。無駄な仕事をしないでほしい。それだけですね。

中山　プロデューサーという仕事は、どういったことが大事なのでしょうか？

鳥嶋　子供って自分では発言しないでしょ？　常にサイレントマジョリティだから怖いんですよ。ユーザーだけを見て、それに向けてリスペクトすべき才能をもつクリエイターを育てる。これ以外は全部、余計なことなんですよ。プロデュースするということは、この２つのことだけ気にかけていればいいんです。

鳥嶋さんに学ぶポイント

「ブランドに価値はない。流行ってるものこそが王道」

企業や作品のブランドではなく、それを生み出す人・才能に興味をもつ。王道の組織やブランドは存在せず、そのときに流行っているものこそが王道。

「目の前の才能を面白がる。才能に尽くす」

すごい才能に出会ったときに、どこまでも足を運び、人をつなぎ、結果を楽しむ。才能がお金で時間を買えるように儲けさせる。お金のためだけにやるエンターテイメントは必ず滅びる。

「現場の皮膚感覚を忘れない」

編集者なら読者、経営者なら社員を知る。仲介を介さずに、自らの手で現場の皮膚感覚をつかみ続ける。

「人事も数字もオープンに。クリエイターとユーザー以外はすべて余計なこと」

「現象」だけを中途半端に分析することなく、クリエイターとユーザーに向き合う。

『ストII』『バイオハザード』『モンスト』、全領域でヒット作

ゲームの三冠王
岡本吉起

（ゲームクリエイター）

おかもと・よしき

1961年生まれ。デザイン専門学校を卒業し、1981年にコナミ入社。『タイムパイロット』を手掛ける。1983年、社員が10人にも満たないカプコンに初めての開発人員として入社。『ストリートファイターII』を開発し、3つのギネス記録をもつアーケードゲームの世界的ヒット作となる。その後も開発責任者として『バイオハザード』や米マーベルとの共同制作『VS.シリーズ』を推進し、カプコンの黄金時代を牽引。2003年にゲームリパブリックを創業。リーマンショックで取引先の米国企業が倒産し17億円の負債を抱えて破産寸前に陥るが、2013年にミクシィからの依頼で開発したモバイルゲーム『モンスターストライク』は6年で売上1兆円となる歴史的ヒットとなる。2018年にマレーシアのジョホールバルに移住し、現地でゲーム・モバイルコンテンツの開発を行っている。

（写真：北山宏一）

1 お前はクビだ！

上司から指示されたゲームの企画を勝手に変更

中山　自己紹介をお願いします。

岡本　岡本吉起です。コナミに入社して、すぐカプコンに転職して、20年近くゲーム開発の責任者をやってきました。その後、ゲームリパブリックという会社を創業して17億円という大借金を背負い、『モンスターストライク』で一発当てて借金を返済し、現在はマレーシアのジョホールバルに住んでゲーム会社を運営しています。

中山　私もゲーム業界にいたので、業界のレジェンドである岡本さんとお話できる機会はとてもうれしく、また緊張しております。私の中では、岡本さんはアーケードゲームの『ストリートファイターⅡ』（１９９１）、コンシューマゲームの『バイオハザード』（１９９６）、モバイルゲームの『モンスターストライク』（２０１３）の開発をされ、３つの領域で世界トップクラスの作品を作った三冠王のような人です。

岡本　そうですね。幸いというかなんというか（笑）。

中山　この1年は「日本を元気にするユーチューバー岡本吉起」としてゲーム業界のお話を展開されています。すでに登録者は6万人。ゲーム業界の歴史で、なかなか表に出てこない話をバンバンされていて、大変勉強になります。反響はすごいんじゃないですか？

岡本　うーん、どうですかね。あまり反響は感じてないんですよね。昔のゲームを懐かしがる、特に40代以上のおっさんたちがちょっと騒いでくれている、くらいなんですよ。

中山　私の界隈だと「あのユーチューブはヤバい」ともっぱらの評判です（笑）。古巣の各社から刺されたりしないのでしょうか？

岡本　もちろん指摘があれば削除なども対応しますが、今のところないですね。というか刺されるような内容にならないギリギリを攻めているので。実際にあったエグい部分はだいぶ希釈化してますし、本当に言っちゃいけないカードは隠しながら話してるから。たぶんそこは理解されてるんやないかと思います（笑）。

中山　最初は1981年にコナミ工業に入社ですよね。当時はどのくらいの規模の会社だったんですか？

岡本　社員80人くらいでしょうか。一緒にカプコンに行く藤原得郎さん[1]と働いてました。

[1] 藤原得郎（1961〜）：1982年にコナミに入社し、岡本吉起の誘いによってカプコンに転職。『戦場の狼』『魔界村』などのアーケードゲーム作品や『ロックマンシリーズ』などコンシューマーゲーム作品のプロデューサーで知られる。1996年にカプコン退社後は株式会社ウーピーキャンプを立ち上げて代表取締役社長。

中山　最初のプロジェクトが『タイムパイロット』❷ですよね。

岡本　上司に言われたのは、「教習所のゲームを作れ」ということだったんですよ。でもそれ、絶対売れないでしょ？　ハンドル操作しながら、右レバーと左レバーで操作してキャタピラー操作のように車庫入れするゲームがゲーセンにあって、誰がやるの⁇　という感じ。

その頃、コナミの本社は大阪の梅田でしたが、開発拠点は庄内にあって、僕の自宅から歩いて3分のところで、上司のいる本社に行かなくても仕事ができる環境だったんですよ。それで、庄内で飛行機のシューティングゲーム作ってたんですよ。

中山　え、車庫入れゲームのはずだったんですか？　そんな改変、やっちゃっていいんですか？

岡本　場所が違うし、「うまくやってますよ」と報告してたんで、意外とバレなかったんですよね。プログラマーも僕がかっちり仕様書を仕上げて依頼するので、そのままカタカタと作ってくれて。もうロケテ❸をする直前まで作っていて、そのあたりでバレた（笑）。

自動車のゲームが出来上がっているはずが、飛行機が飛んでて銃弾が飛びまくっているのを見て、その上司のMさんがカンッカンに怒って、「お前はクビだー！」って叫ばれまして。ま～しょうがないな～、これは転職先を探さなあかんな～、とは思いながら、一応ロケテまでやったら、めちゃくちゃ好評だったんですよ。たまたま。

それで、今でも覚えてますが、コナミ社長の上月さん❹が下りてこられて、僕がカタカタ作業している後ろで上司と喋ってるんですよ。「Mくん、今回のゲーム、すごくいいらしいじゃないか?」って。それで上司も「はい、今年のルーキーの優秀な岡本くんが、僕のネタをベースに作ってくれまして……」。ネタをベースもなにも、自動車と飛行機で全然違うやないか、と笑いが止まらなかった。それからはお咎めなしですよ。自由にゲームを作らせてもらってました。

中山　1年目にしてタダモノではないですね。教習所の車庫入れゲームだと思ってたら、いきなり飛行機になってて、上司はビックリしたでしょうね。よく本当に何も言わずに勝手にやってましたね。

岡本　まあ、怒られるやろうな~とは思ってましたよ。ただ、言ってもどうせ通らないなら、勝手に作ってしまおうと。僕としては「売れるものを作れ」と言われているんだと思っていた。教習所のゲームだと絶対に売れない。だからシューティングゲームにしただけなんですよね。

---

❷ タイムパイロット：1983年に登場した多方向スクロールのシューティングゲーム。アタリ2600やプレイステーション、セガサターンなどにも移植され続けた名作。ゲーメストムックの『ザ・ベストゲーム2』（1998）で「ザ・ベストゲーム」にも選定された。
❸ ロケテ（ロケーションテスト）：アーケードゲームが完成すると、試験的にゲームセンターなどに設置し、ユーザーが楽しめるのかテストを行っていた。いわゆるベータ版テストのようなもの。
❹ 上月景正（1940~）：1973年にコナミ工業を設立し、アミューズメント機器の製造を始めた創業者。現在は代表取締役会長だが、1981年当時は社長だった。

処遇が気に食わなくて退職

中山　『タイムパイロット』の後は、どんな仕事をしてたんですか?

岡本　『タイムパイロット』はプランナーからやってましたが、本来はデザイナー採用なんですよ。絵を描いたり、キャラクターを作ったり。当時、駄菓子屋などにあったダーツのルーレットもコナミが作ってたので、そのカタログなんかも作ったり。とにかく仕事が多くて、忙しかった。

中山　それで3年で退職されるんですよね。ユーチューブでお話されてましたが、先輩、同期、後輩との「待遇の差」が嫌でやめたと。

岡本　初任給13万円で、当時としては悪くなかったんです。ボーナスも出ましたし、ほかの業界にいった同期よりは2～3倍もらっているくらいでした。

でもそういう比較よりも、コナミの中で自分はこんなに成果を出しているのに、という思いがあって、同期とは平等に（2年目で5510円の昇給があったが同期全員が同額だった）、先輩とは不平等に（先輩の時代までは1万円の技術手当があったが、岡本の時代からなくなった）、また後輩とも不平等に（翌年からの新卒は給与テーブルが上がって、全員自分の初任給よりも多くもらっていた）、といった処遇の差が気に食わなくて辞めました。

中山　当時は引き抜き競争があった時代だから、退職するというだけで出禁になったり、懲戒免職になりかけたという恐ろしい話を伺いました。

岡本　それも僕は被害者です。夏休みで休んでる間に、当時同僚の有馬俊夫が[5]「岡本も連れて辞めます（競合に行きます）」みたいなことを言ったから、「岡本、なんかお前、懲戒免職になってるで」って、電話が入って。転職を「企てた」から懲戒免職になるって、どういうこと⁇って。そういうのも嫌になって、辞めました。

まあ実際は総務とちゃんと話して、懲戒免職はさすがにおかしいと主張して自主退職になりましたが、数百冊の本など私物は返してもらえませんでした。

年収5000万円オファーもあったバブル時代に、社員7人のカプコンに入社

中山　22歳で転職した先がカプコンですね。コナミに比べると小さな会社でしたよね？

岡本　カプコンの辻本憲三さん[6]は「開発を任せたい」といっていたので有馬さんと行ったら、

[5] 有馬俊夫：コナミで岡本吉起の先輩で『魔界村』のプログラマーなどを担う。1996年に退職後はIT企業へ転職。

[6] 辻本憲三（1940〜）：カプコン創業者。1963年に奈良県で伯父の経営していた菓子卸業を譲り受けるが経営に失敗。1968年に大阪市で菓子小売店の辻本商店を創業し、綿菓子製造機の売り込みをしているなかでゲーム事業の可能性に気づき、1974年にIPM（のちのアイレム、アピエス）、1979年にIRM（のちのサンビ）を創業し、インベーダーゲームの製造・卸をしていたが、ブーム退潮で負債を抱えてアイレムを追われる。1983年にサンビの販売会社として設立したのが現在のカプコンであった。

社員は7人しかいなかった。彼が8番目、僕が9番目の社員です。任せるも何も、開発者が1人もいなかった。これからゲームを作り始めようという会社だったんです。

中山　コナミもそうでしたが、カプコンも設立されたときは『スペースインベーダー』などのアーケードゲームの筐体を作って卸す、アミューズメント機器製造業でした。セガもナムコも同じですね。多くの会社がインベーダーブームに乗って業界に入り、その後1年でブームが過ぎ去ると在庫を大量に抱え、経営危機に陥る。その中でなんとか生き残った会社が、自社でもゲームの開発部門を立ち上げる構図が一般的でした。当時の転職事情はどんなだったんですか?

岡本　コモドール[7]などの外資とか、ゲームをこれから作りたいという会社から誘われましたね。「年収5000万円でどうや」とか、「一戸建ての家買ってやるからけえへんか?」とか。ホテルの一室で目の前で札束を見せられたこともありました。「これでどうや?」って。

中山　テレビドラマみたいに、バブっていたんですね。2010年前後のソーシャルゲームのブームでもそういう話がありましたが……。当時はファミコンブームが大きかったのですか?

岡本　ファミコンはちょうど出たタイミングでしたけど、『スーパーマリオブラザーズ』が出る(1985年)まではそれほどでもないですし、アーケードゲームのほうが圧倒的に上だった時代ですね。カプコンは月収35万円でしたが(笑)。

2 『ストリートファイターII』の開発

コンシューマーゲームを希望したのにアーケードゲームの担当に

中山　岡本さんのストーリーで印象的なのは、カプコンの中で3人の開発トップがいたと。第一開発室の藤原得郎、第二開発室の西山隆志、❽第三開発室の岡本吉起。その3人に辻本さんが「どのプラットフォームでやりたいか」と聞いて、岡本さんはコンシューマー（家庭用）ゲームを選んだそうですね。

岡本　1990年代まではアーケードのほうが上で、アーケードのほうがやれることがいっ

❼ コモドール：米国コンピューター会社で電卓事業などからゲーム開発に参入していた。1994年に倒産している。

❽ 西山隆志：アイレムで『スパルタンX』（1984）を開発し、のちに任天堂の宮本茂による『スーパーマリオブラザーズ』（1985）にも影響を与えたと言われる。その後、カプコンに移籍して『ストリートファイターI』（1987）のコンセプトを岡本が隣席する雑談の中で考え出した。のちにSNKに移籍して『ザ・キング・オブ・ファイターズ』を作り、カプコンのライバルとして第2の格闘アクションジャンルを築いた。2000年にディンプスを設立し、代表取締役社長。

ぱいありました。でも僕にはどうしてもアーケードには許せないところがあったんです。それが「音」と「光」と「100円」です。

中山　というのは？

岡本　まず音は、ゲーセンではまわりのゲームの音がバシュバシューンとかジャバジャバッとか聞こえるじゃないですか。ゲームの世界にはまり込むのに、すごく余計に感じてたんです。

光は、昔のアーケードゲームって『インベーダー』のように画面が上を向いてたんで、天井のライトが映り込むんですよ。それで体をこう動かしながら「見えない見えない」ってプレイしている。これもないな～と思ってた。

中山　あ～、だからゲーセンって暗いんですよね？

岡本　そう、光が映り込まないように電球を暗くする。そうするとガラが悪くなってゲーセンに不良がたまりだす。

あと100円も嫌だった。どんだけ面白いものを作っても1プレイ100円。ゲーセンはいつかジリ貧になる。テレビが映画館を食っていったように、コンシューマーゲームがゲーセンを衰退させると思ってた。その3点があって、「自分としてはこれからコンシューマーが来る！　だから俺にやらせてくれ」って言いました。

中山　それを一通り聞いた辻本さんが、真逆の結論を出すんですよね。

岡本　そうなんですよ。僕はコンシューマー、藤原はアーケードをやりたいですって言ったあとに、「うん、じゃあ岡本はアーケード、藤原はコンシューマーで」って（笑）。好意的に解釈すると、好きなことをやらせるとどうしてもマニア的になる。そんなに好きじゃないほうが、むしろ客観的に良いものができるから、という説もあります。でも、今でも半分くらい、辻本さん、ただ言い間違えたんじゃないかな～とも思ってます（笑）。

『ストII』はギネス記録の大ヒットに

中山　でも、その奇跡の采配がなかったら『ストⅡ』は生まれなかった。言い間違いに感謝ですね。

実際にはコンシューマーゲーム市場の成長とともにアーケードゲーム市場も１９９０年代半ばまで成長を続けます。１９９０年代前半は『ストⅡ』を皮切りに対戦格闘ゲームがゲーセンを活性化し、１９９０年代後半にはコナミの音ゲーブーム、２０００年代には『ＵＦＯキャッチャー』などの「発明」があった。ゲーセンの凋落が始まるのは２０００年代後半からです。

逆にいうと北米に比べると、かなり長い間、ゲーセンが死なずに残っていた日本市場ですが、これに大きく貢献したのが岡本さんの『ストⅡ』だったと考えると、辻本さんの当時の決断（勘違い？）は業界そのものにも影響したと言えますね。

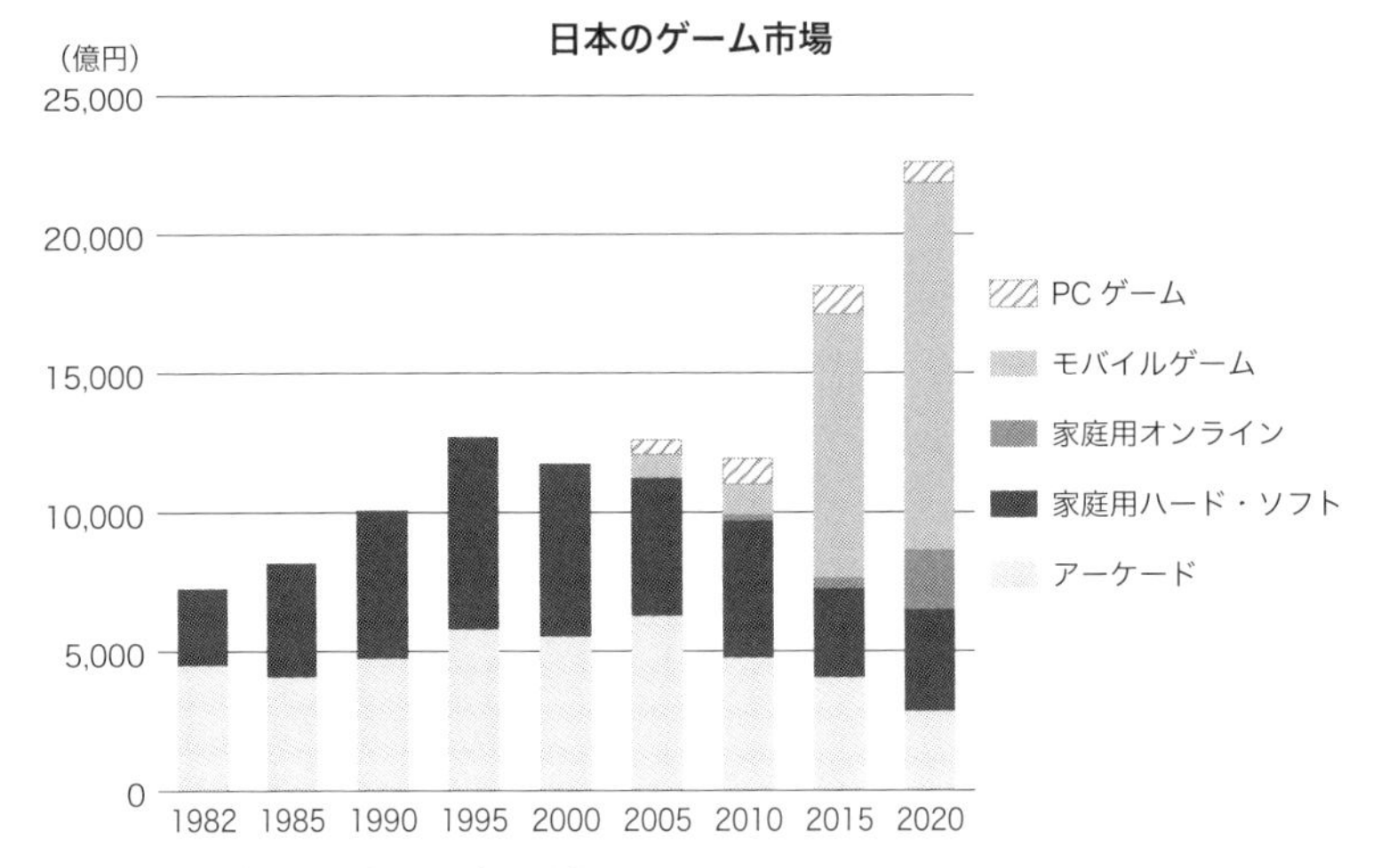

出典)「ファミ通ゲーム白書」「CESA ゲーム白書」より

ストⅡは、はじめてゲーム筐体を向かい合わせに対置させて、相手の顔が見える距離感の中で勝ち負けを競う「対面格闘」というゲームで、これによってゲーセンがソーシャルな場としてが機能し始めました。

いまだにストⅡは「ゲーム筐体における最高のセールスを達成した格闘ゲーム」「コンボを使用した最初の格闘ゲーム」「最もクローンが産み出された格闘ゲーム」と3つのギネス記録をもっています。このゲームがカプコンの年商を倍の800億円超にまで引き上げ、多大な貢献をした。1992年時点で、日本のゲーム業界はタイトーの939億円をトップに、ナムコ742億円、コナミ319億円、エニックス246億円、コーエー120億円でしたから、カプコンは一気にトップ級のメーカーに躍り出ます(北米ではエレクトロニックアーツがまだ年商200億円に達しない時代です）。

米国市場のローカライズに憤慨

中山　海外展開ではローカライズで苦労されたそうですね。

岡本　米国でピンボールゲームが展開されたんですが、米国のマーケティング会社は「これじゃないと売れない」と主張して画像を全く変えてきた。こちらの開発陣全員が大反対で何度も喧嘩しても、最終決定権は現地にあるんです。あんまりだと心が折れた。ロックマンだって、ガニ股で威嚇する、よくわからないおっさんになっている。目が腐りそうなくらい、つらかった。本当に許せなかった。

中山　アニメ業界でも、「北米では、こうしないと売れない」など米国人の反応を気にし

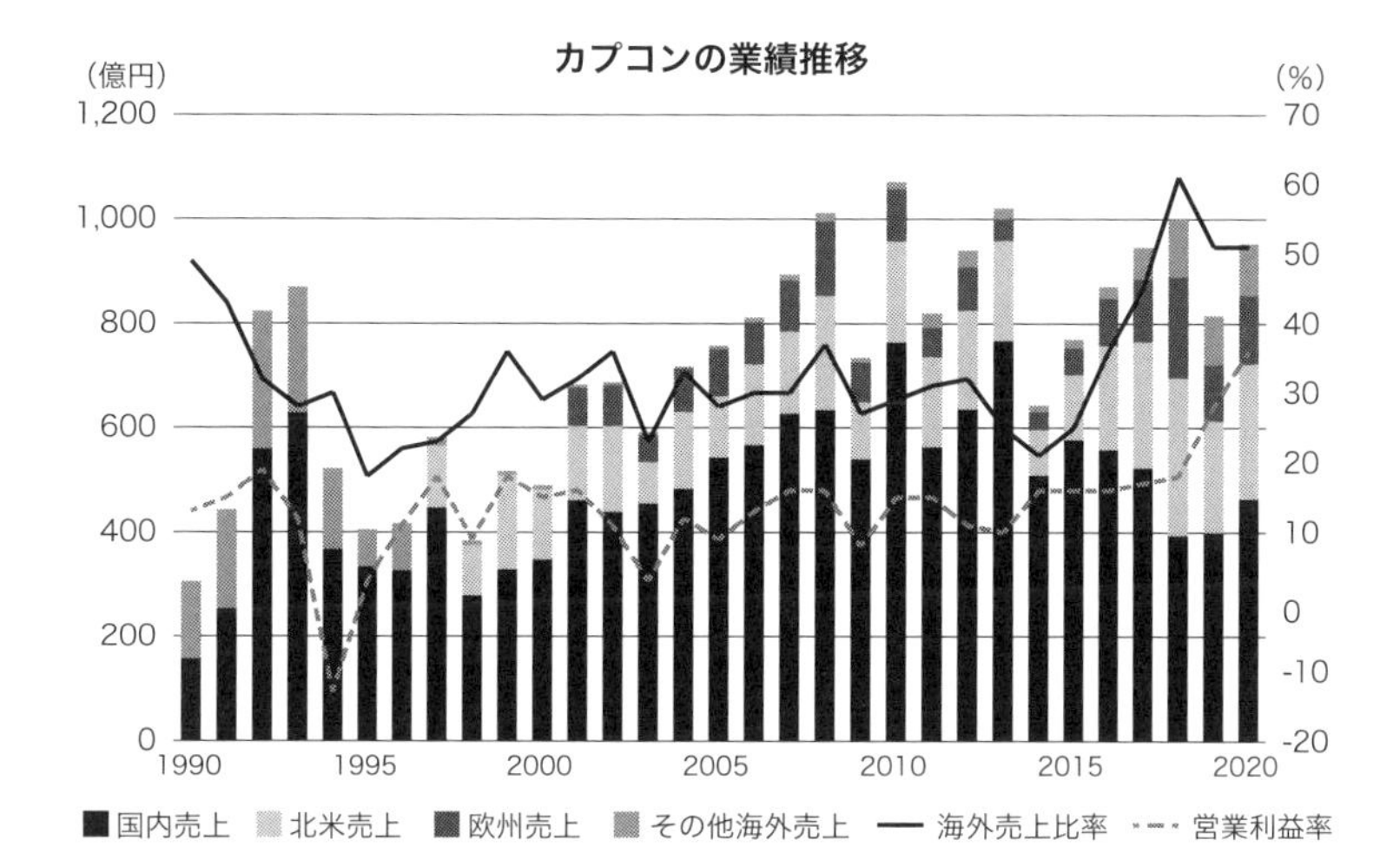

出典）IR資料

すぎて、ローカライズがその作品の本質を殺してしまうことが頻繁にありました。

岡本　北米のローカライズで嫌いだったのは、転職が当たり前の社会で、自分のポジションのためだけに作品を変えて、それで失敗したら次の会社に逃げていくことでしたね。「日本から来た奴らはわかってない。俺らのマーケットだ」と自分たちの存在意義を示すためだけに、ローカライズを指示してくることもある。

だから僕は偉くなりたかったんです。早く出世して、そういう意見をつぶせるようにならないとマズイと思ってました。

中山　海賊版の問題もありましたし、大ヒットには続々と類似タイトルも生まれます。格闘アクションが一大ジャンルになるなかで、『モータルコンバット』（1992）が北米を席捲します。ゲームというより、映画から取り出したような、違和感のあるゲームでした。

岡本　あれも日本人からしたら、とんでもなく「粗い」アクションゲームなんですよ。ノーモーションで構えもなしに、突然攻撃が始まる。防御もうまくできない。ドット絵じゃなくて、リアルの写真を取り込んで動かしているから、すごく違和感がある。

ボタンとかレバーもすごく固いんですよ。体が大きいアメリカ人にはこっちのほうがいいんかな～、でも日本でやってるようなパパンパンパンといったリズミックな動きができない。案の定、日本では売れなかったですが、北米では『ストⅡ』ブームのあとにアクションジャンルでは『モータルコンバット』が席捲する。

やっぱりセンセーショナルだった『フェイタリティ』では、勝利後に敗者を殺すシーンが大きな差別化になっていた。顔と背骨を引き抜いて掲げる勝利ポーズとか。何歳以上のゲームにするかというレギュレーションもあのあたりでできてましたし、社会問題にもなりましたが、結果的に売れたのはあっちゃやから、そういうローカライズも必要だったってことですよね。

普通じゃない積極策で確立されたカプコンのブランド

中山　カプコンUSAが1985年に設立され、カプコンアジアも1993年。現在においても北米ではコンシューマーゲームで「カプコン」のステータスは高いですね。なぜ海外での浸透度が強かったのでしょうか？　開発としてはいつごろから海外を意識していたんでしょうか？

岡本　海外の優先度は最初から高かったですよ。辻本憲三さんは、海外に出ていかないといけないという思いが強くて、最初から未来を見ていた感じがあります。

実は『ストII』の前から海外でも売れてたんですよ。『1942』（1984）とか『戦場の狼』（1985）とか『魔界村』（1985）です。『戦場の狼』は主人公も米兵ですし、『1942』もミッドウェーで日本軍を撃破するゲームですからね。海外向けというときは（偏見も多かったけど）安易に外国人主人公を使うものが多かったですね。

でも、日本でそこそこ売れることがローカライズの前提ではありました。やはり市場サイズが日本のほうが大きいので。最初から海外（北米）を狙うというのは制約がありました。

あと、我々の場合は、2Dアクションでの成功事例が大きすぎた。1990年代に、米国では3Dのゲームがどんどん増えている最中でも、『ストII』の成功体験が大きくて2Dゲームに固執してしまった。その後、長いこと苦しむ点でもあります。

中山　IBMから転職してきた飛澤宏さんが、2004年から米国に赴任された話が書籍（山田権三著『アメリカ子会社社長入門』、文芸社、2018年）になっています。「当時のカプコンUSAの在庫の山がとんでもなかった」と。

岡本　辻本さんはチャンスロス（機会ロス）を嫌う人でしたからね。「買いたいユーザーがいるのにソフトが届かないとはどういうことだ」と、過剰在庫でも突っ込みに行く勝負師的なところがありました。

中山　米国には「委託販売」という商慣習がありますが、それも影響したのでしょうか？

広大な米国では小売の力が強くて、価格1万円のものも小売店には6000円とかで卸す。彼らは値下げして8000円とか7000円で売る。売れなかったら、「委託販売」なのでメーカーに戻せる。そうするとメーカーは6000円で売上計上していたものを買い戻さないといけない。輸送費もかかるし、引き取っても売れないから、そのまま店舗で廃棄してもらうことも常ですが。

岡本　そういう意味では管理はめちゃくちゃでした。あと、買ったユーザーが返却できてしまう制度も厄介でしたね。商品に瑕疵があるとか理由をつけてユーザーがすぐに返却できてしまう。特にクリアというゴールがあるアクションゲームは、数日間でクリアして返品して代わりの商品をもっていくんです。1回分のお金で2回楽しめる。そういう日本じゃ考えられない商習慣の中で、北米でも商品を流通させようとやってきました。

でも「ブランドを作る」ってのは、そのくらいものすごいカロリーがかかるものだと思います。それまでの10数年間、ガンガン攻めてカプコンのブランドが上がっていった。その「遺産」が重くて、飛澤さんは米国のあとは欧州、そのあと香港と、世界中を単身赴任で飛び回って改革され続けてました。20年間のカプコン人生で16年、しかも65歳で海外単身赴任という過酷な状態だったようですけれど。

中山　その動画も拝見しました（笑）。フツーだとありえないですけど、そういう動きをしてるからこそ、カプコンの海外でのブランドが維持・拡大されたのですね。

3 『バイオハザード』のハリウッド映画化

ミラ・ジョヴォヴィッチ起用で大ヒットシリーズに

中山　その後『ストⅡ』はハリウッドのユニバーサルによって映画化されます。十分に数字を上げたと思いますが、興行成績は『モータルコンバット』のほうに軍配が上がります。ただ2022年現在に至るまで『ストリートファイター』シリーズがeスポーツの一ジャンルとして確立していることを考えると（『ストリートファイターⅤ』はeスポーツ競技タイトルとしては『フォートナイト』や『マジック・ザ・ギャザリング』などに次いで12番目にランクインしている）❾、映画化などゲーム会社としてはあまりに野心的な取り組みが、現在までのブランドにつながっているのかなとも思います。

そして『バイオハザード』は画期的でしたね。ゲーム発の大ヒット作としてハリウッドの映画史を塗り替えるような記録を打ち立てました。

岡本　『ストⅡ』の映画はハリウッドで作っていたというのもあって（赤字ではないが失敗

作という認識）、映画会社を探してたんです。コンスタンティンというドイツの制作会社（制作拠点はハリウッド）に版権料はざっくり1億円で販売して、『バイオハザード』の映画を作ってもらったんですよ（映画の原題：Resident Evil）。制作費は35億円で、そんなに大きな金額ではなかったので、キャスティングの費用もあまり出せなかった。

　キャスティングは誰がいいかと聞かれて、僕は「ミラ・ジョヴォヴィッチがいい」といったんです。あの美しい体のラインが、めちゃくちゃいい。ポール・W・S・アンダーソン監督も「実は僕もイイと思ってて」ということで本決まりになった。ただ最終的に当時リュック・ベッソン監督と結婚していた彼女が離婚して、ポールと結婚することになったときには「イイってそっちの意味だったんかい！」って思いましたけど。

　ゾンビ代も出せなかったんですよ。製作費が足りなくて。あのゾンビ役は全部友人を無料で使っているようで、そんな作り方をしている映画が、ここまで大きなものになるとは予想してなかったですね。

中山　『ストⅡ』のときのような、改ざん問題などはなかったのでしょうか？　満足がいく出来でしたか？

岡本　いや、脚本はダメダメでした。シナリオチェックさせてもらったらホントひどくて、

❾ Newzoo「2018 Global Esports Market Report」におけるLive Esports Hours（ライブ配信されたタイトル別時間）のランキング。

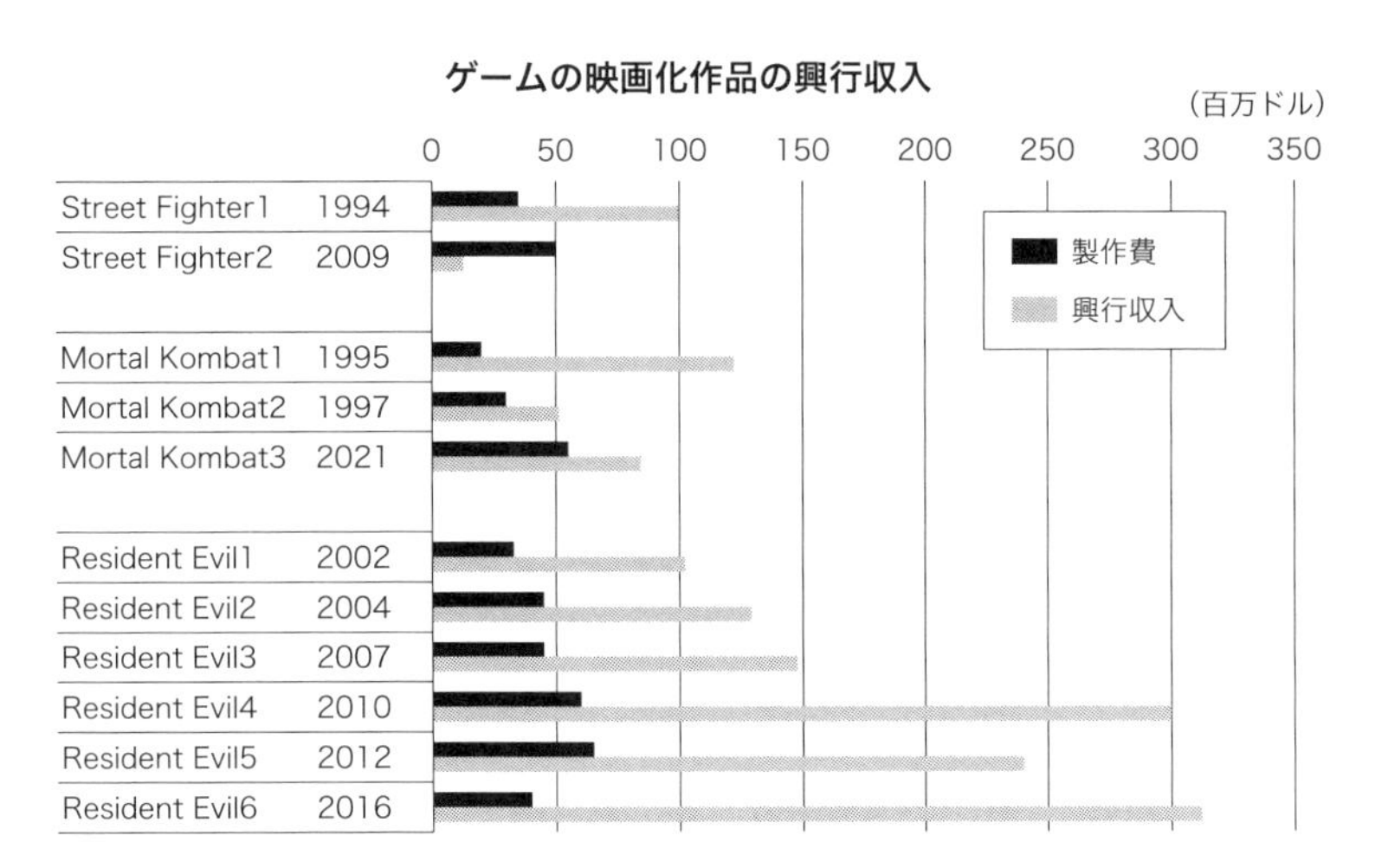

出典)Box Office Mojoより

最初はゲーム1のシナリオと同じものが出てきて、それはないだろうと。結局、実はカプコンがもっていたシナリオ専門会社のフラグシップで脚本を書きました。

中山　でもよくミラ・ジョヴォヴィッチが出演してくれましたね。結果として『バイオハザード』(Resident Evil) は6作品すべてが大きな利益を出し、『モータルコンバット』を大きく上回るゲーム発の映画の一大作品となりました。彼女は『フィフス・エレメント』くらいしか映画は有名なものに出てなかったとはいえ、モデルとしてはすでに有名でした。ゾンビもの映画に出るようなイメージは当時なかったです。

岡本　弟さんが『バイオハザード』の大ファンだったのが大きかったようです。

社内の「アメコミ伝道師」が勝手に教えてくれた

中山　『ストリートファイター』も『マーベルVSカプコン』（1998）で当時としてはとても斬新だった2つのIP（知的財産）のコラボタイトルが出来上がります。日米合作でいうとディズニーを突き動かした『キングダムハーツ』（2002）もすごかったですが、それ以前に（ディズニーによる買収前の）マーベルとのコラボを実現した同作も、日本のゲーム業界でのプレゼンスの高さを示す象徴的な作品でした。

岡本　シェーキー秋友（秋友克也）っていうアメコミの神のようなスタッフがいたんですよね。平社員なのに彼専用のアメコミ本が大量に積まれた部屋があって。デザイナーとして入社したのに、勝手に「アメコミ伝道師」にジョブチェンジしたんですよ。講習会とかいろいろやってたけど、「このままじゃ埒があかん。皆アメコミが何なのかわかってない」と、毎月1冊アメコミを翻訳して製本して、注釈も入れて、チーム全員に配るんですよ。

だからカプコンの中でのアメコミキャラの理解度が急激に引き上がった。「こんなウルバリンをかいてくれる君たちに、アメコミをかいてほしい。キャラクターの『本当の意味』を理解している」といって、普通ならガッチガチの監修で何か月も待たされるようなコラボも、「お前たちに任せる」と言われるほどに、カプコン陣営はアメコミのキャラ1人1人を理解していった。たった1人の平社員の力ですよ。

中山　大きい作品も、始まりは1人か数人の超越的な「個」によって生み出されますよね。それは岡本さんご自身の軌跡をみても強く感じます。

１９９８年から２００８年までの10年間はカプコンの黄金時代でもあります。『ストⅡ』ブームが一服して売上が落ち込んだ１９９８年から順調に伸びて、２００８年の１０００億までノンストップで駆け上がります。海外売上比率は30％前後、営業利益は20％のところまで。まさに『バイオハザード』『VSシリーズ』、そして『モンスターハンター』（２００４年）がカプコンの躍進をひっぱりました。

この期間でとても興味あるのは、岡本さんが得意の格闘アクションだけじゃなくて、様々な取り組みに関わっているところです。まずはボードゲームの金字塔『カタンの開拓者たち』[10]、そして北米でトップタイトルだった『レッド・デッド・リデンプション』や『ディアブロⅡ』の輸入など、自社開発だけでなく、良質なゲームの輸入にも取り組みます。「洋モノが流行らない」といわれていた日本市場に、ずいぶんチャレンジされたなと。

岡本　まあ開発のトップなので全部自分でやっていたわけではないですけれど、たしかに『カタン』は自分で版権交渉もしました。著作者のクラウス・トイバーさんのご自宅まで伺いました。『レッド・デッド・リボルバー』はチームで作りました。

ご存じないかもですが、『レッド・デッド』って、実はカプコンが作ったんですよ。

中山　え、あの『レッド・デッド』のシリーズですか⁉[11]　ロックスターの？

岡本　そうそう、売ったんですよ。うちじゃ扱えないっていうので、ほぼほぼ出来上がっていたものを。僕のあとに開発トップになった稲船が。

中山　なんと、もったいない。北米どころか世界トップ5に入るゲーム作品ですよ。、むしろ『ストII』と『バイオハザード』よりも大きいんじゃないですか?

岡本　あの絵だって、最初描いたのは、あきまん⑫ですよ。

中山　ビックリです。そのくらい1990〜2000年代のカプコンは飛び抜けていた。アクティヴィジョン社の『ディアブロII』は輸入ですよね。

岡本　日本はPCゲーム市場がホント小さくて3000本でもヒットみたいな状態でした。世界で1000万枚売っている会社に対して、なんとかミニマムギャランティーをかけて権利を買って日本で販売しました。最終的には5万本を売って、当時の日本PCゲーム市場としてはミリオンセラーのようなインパクトを残しました。

---

⑩ カタンの開拓者たち：1995年ドイツ生まれのボードゲームで、日本では2002年にカプコンから発売された。「最も多くのユーザーが同時プレイしたボードゲーム」として992人が遊んだ2013年にギネス登録。

⑪ 『レッド・デッド』のシリーズ：『グランド・セフト・オート（GTA）』シリーズで知られる米ロックスターゲームスが発売している西部劇のオープンワールドゲーム。カプコンから売却されたリボルバーは北米で92万本、その後のリデンプションはすべて1000万本超えの世界的ヒットシリーズ。リデンプション2は、発売から3日間の売上が7・25億ドルに達し、『GTA5』に次いでエンターテイメント産業全体で世界で2番目に初週で売った記録をもつ。

⑫ あきまん（安田朗）（1964〜）：1985年にカプコン東京支社のアルバイトから始め、カプコンのアートディレクターとして『ファイナルファイト』『ストII』『ストIII』などに関わり、2001年からはカリフォルニア州サンディエゴに移住して『レッド・デッド・リボルバー』の開発に参加。同作は開発会社のエンジェルスタジオがロックスターゲームスに買収されたことを機に開発中断、売却されている。安田氏もそのタイミングで帰国しカプコンを退職。現在はフリーランスとして活躍している。

中山　こうした展開を手広くやっていたお陰もあってか、カプコンはゲームソフト会社では唯一無二、他社と統合しなかった。セガはサミーと、ナムコはバンダイと、コーエーはテクモと、スクウェアはエニックスと（のちにタイトーも吸収）、コナミはハドソンを買収し、どこの会社も規模を求めてM＆Aをしている中で、（プラットフォーマーの任天堂とソニーを除くと）カプコンだけは、どことも買収も統合も事業譲渡もしていない。

岡本　まあカプコンも実は相手を探してましたけどね。結果的に「結婚相手」がみつからず、独身を貫いています。

4 独立。借金17億円。『モンスト』

リーマンショックで取引先が倒産し社員300人をリストラ

中山　2003年に独立されたのはどうしてですか？

岡本　独立するなら今しかない、というタイミングでした。10年間社員をやって、10年間取締役をやった。そのとき41歳だったんですが、次の10年は自分で起業していっぱいお金を稼いで、あとは引退しよう。そんなアホな発想もありました（笑）。辻本さんがカプコンを創業したのもちょうど同じくらいの年齢でしたし、もう長いことカプコンの開発トップをやっていたので、自分が漬物石になっているような感覚もあった。自分がいないほうがいいんじゃないか、押さえつけてしまっているんじゃないかと思ってました。

もう1つ、市場としてもプレイステーション（ＰＳ）３の立ち上げタイミングだったんです。市場を席捲していたＰＳ２からＰＳ３に切り替わるタイミングで、Ｘｂｏｘの立ち上げも始まっていましたし、時代が新しいクリエイターを求めていた。セガの水口哲也くん[13]とか、クリエイターがちょうど独立していたタイミングでした。自分のゲームクリエイターとして残されている寿命もそんなに長くないなかで、管理職・専務として終わるよりは、現場に戻ってもうひと勝負したかった。

中山　トップクリエイターの悩みですね。意見を通すために偉くなる。でも偉くなると部下も大量にできるし、組織作業ばかりになる。

岡本　そうですね。確かにカプコンでの後半は、出張に会議に資料チェック、毎日の取材と

[13] 水口哲也（１９６５～）：セガ入社後に『セガラリー』（１９９４）などを手掛け、２００３年に独立しキューエンタテインメントを設立。『ルミネス』（２００４）などテクノロジーと音楽を融合させた独特のゲームを開発する手腕で知られる。

接待とでほとんど時間がつぶれてました。アイデアを考える時間もなくなっていった時代です。

中山　そしてゲームリパブリック（ゲーム共和国）という会社を２００３年に立ち上げられます。

岡本　８年半で失敗しました。大ヒット作を出せなかったこともありますが、リーマンショックで、『３００』という映画版権ゲームなど含めて３～４本のゲームタイトルの請負をしていた米国企業が倒産してしまって、その未払いで17億円がそのまま借金になってしまったんです。３００人くらいの社員をすべてリストラせざるをえなくなりました。

「岡本はもう死んだ」と言われた

中山　ゲームリパブリックは２０１０年にほぼ解散という事態になります。そこから２～３年あまり岡本さんの噂を聞かなくなりました。その間はどうされていたのですか？

岡本　もう悲惨でしたよ。50過ぎたおっさんが自宅もなく、友達の家を転々と泊まって暮らす。鬱っぽい症状も１年半くらい続いてました。１日に使える食費が３００円。それまで年収７０００万円もらっていた人間が、服も買えなくてフリマで５００円で詰め放題の古着を何度も着てる。もう捨てたほうがいいんちゃうかというようなボロッボロのね。ホント「落ちぶれ貴族」とか「岡本はもう死んだ」とかいろんなことを言われましたが、17億円も借金があると、もう、感覚が麻痺するんですよ。

だって金利だけで年間8000万円ですよ。衣食住一切なしに年収1・5億円稼いでも、税金を払って、金利しか返せない。銀行も早く自己破産させたがってました。僕が返せるめどがないのに、ずっとそのままだから「早く返してくれ」と何度も催促しないといけない状態だった。

中山　早く自己破産して身ぎれいになりたいと思わなかったんですか？

岡本　思わなかったですね。破産すると、他の会社で部長・役員クラスで再就職した元社員に迷惑がかかることになりそうだったんです。いや、それに「返せる」とどっかで思ってたんですよ。年収1・5億でもダメなわけだから、もうどうやって返すかって、逆に明確なんですよね。当たりゃ～返せる。そういう領域を探したら「ボードゲーム」と「仮想通貨」と「モバイルゲーム」でした。

『怪盗ロワイヤル』『パズドラ』を研究し「こういうのなら作れる！」

中山　それが『モンスト』につながるわけですね。

岡本　流行ってたのが『怪盗ロワイヤル』ですよ。ＤｅＮＡの。毎日毎日夜までプレイしてみた。金もよう使われへんから、なけなしの300円を貯めて、1回だけガチャまわしてね。それでようやく獲得したアイテムも、翌朝になるとユーザーに奪われてて。ほーこういうのが面白いんやな、って。ただこのときは「コミュニケーションゲーム」なんですよね。

中山　転換点はどこらへんだったんでしょうか?

岡本　ガンホーの『パズル&ドラゴンズ』(2012)が当たって、ようやくゲーム性が担保されたゲームがアプリ市場を席捲した。こういうのなら作れる、というタイミングで、ミクシィの木村弘毅さん(現ミクシィ社長)が当時課長か係長だったときに、「1本作ってみませんか?」と声をかけてくれたんですよ。「ビリヤードっぽいゲームでどうでしょうか?」とお題を出されて、持っていったのが現在の『モンスターストライク』(2013)の原型です。僕の人生では過去のものも含めて、最大の作品ですね。リリースから6年で売上1兆円を稼いだゲームですから。木村さんにはホント感謝しかないです。足向けて寝られないですね。

中山　『モンスト』の成功報酬で借金も返済したわけですね?

岡本　銀行って面白い仕組みでね、17億円なんて返せると思っていないから、債権回収の部門にまわされて、毎年特損で落としていくんですよ。だから最終的には特損で落とされた後の金額で、ちょっと安くなってます。

岡本さんのヒストリー

1980年代：コナミにデザイナーとして入社し、ゲーム開発でヒットを生むが、２年で飛び出し、カプコン９番目の社員として開発責任者に

1990年代：カプコン取締役時代。『ストリートファイターⅡ』『バイオハザード』など大ヒット作を量産、ハリウッド映画化まで手掛ける

2000年代：ゲームリパブリックを創業、17億円の借金を背負って休眠状態に

2010年代：モバイルゲーム『モンスターストライク』で奇跡の１兆円ゲームを開発。その後マレーシアに移住して海外で開発

2020年代：ブロックチェーンゲーム含め、次のモバイル端末での新規コンテンツ開発中

5 一度決めたら二度と戻らない

僕はカンが悪いんで、誰よりも勉強します

中山　そのあともモバイルゲームは開発され続けてますよね。噂で聞いたのですが、岡本さんのモバイルのプレイの仕方がやばい、と。月５０００万円かけてガチャをまわすって聞いたんですけど……。
岡本　月５０００万円じゃないですけど、２か月で１・５億円突っ込んだりしましたね。
中山　え、もっとすごいじゃないですか？　１日３００円で生活していたところからホントになんという人生なんでしょうか……。それってどのゲームに？
岡本　聞いちゃいます？（笑）うーん、そうですね、実はＩＧＧの『ロードモバイル』[14]です。全然売れてなかったころに、これ来るやんと思って「つくよみカフェ」って同盟を作ってました。日本人の同盟を組んでやってます。
中山　岡本さんはこれまで多くのゲームタイトルに関わられてきましたが、自分でクリアし

なかったゲームがない(クリアできずに出したタイトルが『ガンスモーク』(1985)と『1943』(1987)の2作品だけで、それゆえに難易度が高すぎた)という話に大変驚きました。普通は開発責任者くらいになると、時間がなくて、そこまで見てられませんよね?

岡本　それは信条みたいなもので。自分で納得するだけやりこむ、というのは昔からずっと続けてますね。開発期間中じゃないですよ。あくまで出来上がった時に、完全にユーザーと同じ目線でプレイして、最後までやりこめるかをチェックします。

中山　岡本さんはこれまで、自分の主領域を何度も変えられてます。いつもどうやって新しい領域でノウハウを獲得されるのですか? たとえばアーケードゲームからコンシューマーゲームに移られたときはどうしたのですか?

岡本　いや、ホントに苦労してますよ。僕はカンが悪いんで、めちゃくちゃ時間がかかるんですよ。でも、だからこそ誰よりもめちゃくちゃ勉強してます。

カプコンでは1980年代にアーケード配属になり、『ストⅡ』を当てた後の1990年代半ばには、開発本部長でしたけど船水[15]に全部任せてた。ゲーセンにも行かなくなりました

[14] ロードモバイル：2006年設立の中国ゲーム開発会社IGGが2016年にリリースしたゲーム。世界中で2億人のプレイヤーがおり、年間500億円級の収益をもつ世界的ヒットタイトル。

[15] 船水紀孝(1965〜)：1985年にカプコンに入社してから『ストリートファイター』シリーズのプロデュースを手掛け、第一開発部長としてコンシューマーゲームの統括をする。2004年退社後にクラフト&マイスターを設立し取締役に。現在は2021年設立のバオバブゲームスタジオ社長。

し、開発中のゲームソフトもプレイしなくなりました。数字だけ見て、任せる形にしました。そこからは毎日コンシューマーだけをプレイしていたんです。

中山　私もDeNA時代に船水さんとお仕事したことがあって、すごくインスパイアされました。当時50歳近いゲーム界のレジェンドが、まだモバイルゲーム業界に入ったばかりのぺーぺーの言うことを真摯にノートにメモされている。「休日はなにやってるんですか？」と聞いたら、「モバイルゲームをみんながどうやってるか理解したくて、1日中駅のホームにいた」と。その年齢になっても、そこまで徹底する人って、私は見たことなかった。

岡本　まあ、船水はそういう愚直なところがありますよね。間違いなく、僕のほうがやってますけどね（笑）。船水はセンスがあってカンがいいんですよ。だからすぐに肝をつかむ。僕のほうが時間をかけてます。

『カタン』のときもだいぶプレイしました。これは面白いゲームだな～と思って。「とにかく遊ばんとわからん」というのがあって、1日平均4～5ゲームを毎回45分かけて行う。毎日毎日、休日もチームで集まってプレイしてました。どんどん強くなって、最後はカプコンが主宰していたトーナメントがあって、そのチャンピオンと世界大会に行きましたが、そこでも勝てるくらいになった。狂ったようにずーっと毎日4～5回やってましたね。そのくらいやってたから、クラウスさんにも信用されて版権をもらえたというのもあります。

中山　コンシューマーゲームはその後も長くやりこまれているんですか？

岡本　ゲームリパブリックが休眠してからは、実はコンシューマーもやってないんです。そこからはモバイルゲームしかやってないんです。一度決めたら戻らないようにしてます。
中山　それは強烈ですね。移動して違う「島」にいくなら、前の「島」への橋は焼いちゃう感じなんですね。いまでもモバイルなんですね。

新しいものに挑戦している会社に出資

岡本　絶賛モバイルですね。でもモバイルゲームだけというわけじゃなくて、いろいろやってます。『モンスト』を当てたあと、もう1発ホームランを打とうと思って、パチンコを模索してみました。でもこの市場はアカン、どんどん衰退する。じゃあ、エロゲーではどうだろう。DMMさんと話してゲーム化の検討をした。あかん、俺は「萌え」がわからん。
自分が本質的に「これだ」とわからないものはやらないんです。だからエロもダメだと。それで今はいくつか模索をしながらブロックチェーンゲームにも張っている感じです。
中山　ブロックチェーンゲームのダブルジャンプトーキョーにも出資されてますよね？　先日、同社役員の方と話してたら、岡本さんのお名前が出てきて驚きました。本当に手広いなと。
岡本　まあ3つくらい投資した先の1社ですけど。新しいものに挑戦しようという会社は助けてあげたくなります。そのために日本ゲーム文化振興財団も立ち上げたんです。

「助けてくれ」ときたものはなるべく助けるようにしてるんです。なので出資しているゲーム会社、アプリ会社はいくつかあります。VR・メタバースも面白いけど、まだしばらくは来ないですね。しばらくはまだモバイルが機能する時代だと思ってます。

海外しかないと思ってマレーシアに移住

中山　そういえばマレーシアに移られた理由は？

岡本　やっぱり今後の伸び幅でいうと海外しかないと思うんですよね。それで、海外に出る日本人材に機会を与えたかった。ただ、実はマレーシアのジョホールバルというのは想定外でした（笑）。

中山　岡本さんが決めたんじゃないんですか？

岡本　株式会社オカキチのメンバーで移住しようというのは決まって、シンガポール、香港、ベトナムといろいろ見て回ったあとに、（今はもう辞めてしまっている）役員が「岡本さん、マレーシアのジョホールバルにしました」と。勝手に決まってたんです。

中山　移住ってかなり大事なことなのに、よく他人に任せますね。

岡本　自分の秘書も自分では採用しませんしね。なるべく任せられるものはチームに任せちゃいます。まだマレーシアはエンジニアやデザイナーのレベルが高くないですが、毎日刺激的ですし、これからも一発当てるために、頑張ってます（笑）。

中山　最後にお聞きしたかったことがあります。ゲーム業界は1980〜90年代ずっとパクりパクられ、お互いに技を盗み合う市場でした。それが2000年代になって各社訴訟にためらいがなくなり、逆にお互いで気遣いをして作るようになった。それは日本のゲームが海外でプレゼンスを失うのと時を同じくしています。パクりパクられしている時代のほうが、市場は活性化していたし、良いものができていた、ということはあるのでしょうか？

岡本　僕は、完全にゼロから作るタイプではないです。『タイムパイロット』は『ボスコニアン』に影響を受けてますし、『ジャイラス』は『ギャラガ』から発想をもらっている。『モンスト』だって『パズドラ』の存在がなければ生まれなかった。

でも誰も同じものとは思わないくらいに作り込んでいる。俺やったら、こんなふうに面白くできる、という気持ちで作っている。映画とかボードゲームとか、影響を受けたものを全部入れ込みながら作ってます。

もちろん、1980年代の初期のゲーム会社は、結構やんちゃなことをしてたけど、もうそんなことはできない。パクりパクられに厳しくなったことは確かです。でも、昔から安易にパクって成功できる業界ではなかったはずです。あくまで名作から本質的な部分を抽出して、オリジナルを作れるかどうか。そういう必死さみたいなものが、業界から失われていることが問題なんじゃないでしょうか。

岡本さんに学ぶポイント

「最終的に一番大事なことにフォーカスする」

上司の指示に従っても売れなければ意味がない。最終的には売ってくれれば誰も文句は言わない。

「ブランドを作るのは、すごいカロリーが必要」

カプコンのブランドは米国・欧州・香港に10数年間ガンガン突っ込んで作り上げてきた。めちゃくちゃでも突っ込み続ける。

「やるとなれば徹底的に分析」

とにかく遊ばないとわからない。必要となればお金を惜しまずガチャに突っ込んででもノウハウを盗む。映画やボードゲームなど影響を受けたものを全部入れ込みながら作る。

「次の島に行くときに前の島との橋を焼く」

アーケードゲーム→コンシューマーゲーム→モバイルゲームと、新しい領域にいくときは前の財産をすべて捨てた。後任にすべて任せて、自分は見ないという覚悟を決める。

『BanG Dream!』『新日本プロレス』…キャラクタービジネスの勝負師

オタク業界の連続起業家

木谷高明

（ブシロード創業者）

きだに・たかあき

1960年生まれ。武蔵大学を卒業し、1984年に山一證券に入社。10年間のサラリーマン生活を経て、1994年にアニメ同人誌イベント事業のブロッコリーを創業。グッズ販売店「ゲーマーズ」を展開。1998年の『デ・ジ・キャラット』をきっかけにプロデューサー業務を手掛け、以降『アクエリアンエイジ』や『ギャラクシーエンジェル』など多くのキャラクター作品を生み出す。2001年の上場後に業績が悪化し、2003年にタカラ傘下となり、2005年にはガンホーのグループ入りで雇われ経営者となる。業績が黒字化したタイミングで退職し、2007年に新たにブシロードを創業。『ヴァイスシュヴァルツ』『カードファイト!! ヴァンガード』『BanG Dream!』などアニメ・カードゲーム・デジタルゲームのメディアミックスプロジェクトを推進。2012年には新日本プロレスリングを子会社化しV字回復を達成。2022年6月期にブシロードの業績は過去最高となり、特に海外が飛躍的に伸びている。

（写真：稲垣純也）

1 嫌いな言葉は「努力」と「忍耐」

アイデア勝負で一発逆転を狙い山一證券に入社

中山　自己紹介をお願いします。
木谷　木谷高明です。山一證券でサラリーマンをやってから、ブロッコリーを創業。その後は2社目としてブシロードを創業して社長をしております。キャラクタービジネスとしてカードゲーム、アニメ、ゲーム、音楽、ライブ、舞台、プロレスなどを手掛けてきました。
中山　小さいころから社長を目指していたとお聞きしました。石川県のご出身ですが、何かご家庭が事業をされていたりとか?
木谷　小学校のときの作文に「大会社の社長になりたい」というのが残っていて、かなり初期からそういう思いはありましたね。父親はサラリーマンでしたし、特に家庭的に影響があったわけではないんです。
　昔から歴史好きで豊臣秀吉の『太閤記』とか読んでいた小学生だったので、「立身出世したい」というファンタジーがありました。時代ですよね。今のサラリーマンだとスキルアップとかキャリアアップとか「地に足のついた」理想があるんでしょうけれど、１９７０年代当時は「でっかいことしてみたい」という立身出世の表われとして「社長になりたい」があったんですよね。

中山　子供のころからリーダーシップの強いタイプだったのでしょうか？　中高時代はどちらかというと「オタク時代」だったとお聞きしていましたが。

木谷　ガキ大将だったんですよね。それが小学校5年の時に「村八分」にされて、そこからしばらくは内向的な性格にもなっていた気がします。

中山　アニメやプロレスに通じる趣味はその頃からあったのでしょうか？

木谷　当時はアニメなんて小さな子供の観るものという風潮で、観られませんでした。よく観てたのは、実写としての特撮やプロレスですね。ただ当時は本当に好きで観てただけで、それが将来の仕事につながるなんて想像してなかったです。

中山　大学時代は証券研究会の代表をされていたそうですが、エンタメ産業に入社するという発想はなかったのでしょうか？

木谷　私が山一證券に就職したのは１９８４年でしたが、当時エンタメを仕事にするといっても、そもそも選択肢がなかった時代です。かろうじて１９７０年代は音楽レーベルが大きくなっていた時代で、音楽くらいだったのではないでしょうか。あとは玩具業界ですかね。とんでもない競争倍率でとても入れなかったですが。まだゲーム会社も上場企業は少しだけで他は中堅企業ばかりで、選択肢にも挙がってこなかった時代です。
　では「社長になる」と考えたときに、どんな業種がよいかと考えても、当時は不動産や小売などのサービス業……あまりピンときませんでした。アニメやゲームは「産業」として認知される規模でもなかった。そこで証券会社を選ぶことにしました。

中山　証券会社出身というのは経営者としての木谷さんをいろいろ方向づける基礎になっていると思います。証券に興味をもたれたのはなぜなのでしょうか？

木谷　やっぱり性格的に「一発逆転」が好きだったんですよね（笑）。大学受験では現役で6校受けて全滅。石川から上京して浪人時代を経ても、大学受験は1勝13敗だった。学歴でも勝負できないし、人目につくような目立った経験を積んだ大学時代でもないので、「実力主義でのし上がれるもの」「一発逆転できるもの」としての山一證券でした。

「コロンブスの卵」で成果を上げる

中山　私はブシロードで5年ほど一緒にお仕事させていただいた中で、とにかく木谷さんの特徴はアイデア豊富、しかも「他社がやらないようなことをあえてやる」という、まさに投資の「人の行く裏に道あり花の山」を体現している方、と思っていました。自伝のご著書を読むと、証券会社1年目からすでにアイデアマンの部分が垣間見えます。

木谷　私は嫌いな言葉があるんですよ。「努力」と「忍耐」。地道に時間や労力をかけるのが嫌い。だからこそ、いろいろなアイデアを駆使して、頭で汗をかくようにしてきました。

恥ずかしがり屋だった私は、当時一般家庭をピンポン押して訪問して「株・証券を買いませんか？」というのがとてもいやだった。それで、小さな一般家庭を捨てて、地図を広げて高額所得者にリピートで週1～2回だけ訪問した。そうした動き方の選択と集中の結果として、その地域の高額所得者の上位3人をお客さんにしました。

中山　入社2年目に、新しくできた支店でアルバイトを使った話もすごく示唆深いと思います。

木谷　新しくオープンした支店は、近所にあいさつ回りをする習慣があったんですよね。でもほとんどのお宅が不在で、郵便受けに名刺を投げ込むだけ。「証券の営業」は外務員の資格がないとできないんですが、名刺を置いたり挨拶するだけならバイトでもできる、と上司に提案しました。僕が自分で学生バイトを集めてくるので、営業マン1人に3人つけて4人グループで地域のローラー作戦をやらせてくださいと言ったんですよね。

中山　本質だけみて、無駄な形式などをカットしていくところは、木谷さんの経営手法にもよく表れている気がします。こういった「出る杭」でも、叩かれなかったのですか？

木谷　そこはホントに上司に感謝してますね。頭ごなしに否定されることはなく、支店長も乗り気で、本社に電話で確認してみるとはいったものの、「面白そうだからやってみたら」という回答で。

歴史が好きだったから、いろいろなパターンを自分で考える癖づけができていたのかもしれませんね。コロンブスの卵と同じで、1回見てしまえばなんのことはないんですよ。でもルールとかヒエラルキーとか、いろいろ余計なものをくっつけちゃっているせいで、目の前にある選択肢に誰も気づかない。そういう意味では山一證券は自由でしたし、いろいろなことをやらせてくれました。ホントにいろいろ勉強になりました。

2 上司への反抗と左遷

米国留学で学校をさぼってベンチャーキャピタルを訪ね歩く

中山　山一證券時代はサラリーマンでずっといこうと考えていたんですか？

木谷　いや、やっぱり起業はずっと頭にありました。1986年にアメリカのニューヨークとボストンに初めての海外旅行でいったときに、米国にはベンチャーキャピタル（VC）というのがあることを知るんです。日本の「中小企業」とは違う「ベンチャー」というビジネス形態に興味をもって、起業したいという野望はそのあたりでより強くなってましたね。

当時はどこの会社でも企業留学が流行っていて、その後に山一證券の1年間の語学留学の仕組みを使って、1988年から米国に1年間行かせてもらうことになりました。最初の3か月がヒューストンとワシントンDCで語学留学、残り9か月はオレゴン州ポートランドのカレッジに留学というコースです。

でも私は英語が苦手で、ずっと座学で授業を受けているのが我慢できなかったんです。途中で学校は休みがちになり、勝手に西海岸のVCをまわっていろいろ話を聞いたんですよ。電話でアポイントをとって合計23社ほど。

中山　英語が苦手なのに、「授業は受けずに1人で会社をまわる」ってすごいですよね！「恥ずかしがり屋」とは思えない行動ですね（笑）。

木谷　好奇心が勝るんですよ。ただ英語は相変わらず苦手だったので、途中で相手が何を言ってるかわからなくなる（笑）。それで質問を絞りました。どの分野に投資しているかと、キャピタリストの学歴と職歴。その2つだけなら聞き取れる。それでメディカルとかセミコンダクター（半導体）とか、当時米国の優良業種に投資をしているVCを訪問しました。そして話を聞くと、当時VCで働いている人のキャリアってほとんどが「最初は大企業、途中でMBA入学、その後ベンチャーに入るか投資家（キャピタリスト）」だったんですよね。これはいつか日本もそうなる、大企業中心からベンチャーも活躍する時代がくるんだと思って、帰国後すぐに会社にＶＣ事業や新規株式公開事業の提案をします。

中山　ちょうど時代のハザマでしたね。１９８０年代初頭にソフトバンク、パソナ、ＨＩＳの戦後以来のベンチャーブームがあり、１９９０年代後半に楽天、サイバーエージェント、ＤｅＮＡなどの第３次ベンチャーブームが来た。

木谷　まさにハザマだったので、提案は理解されませんでした。当然です。当時はバブルの狂乱景気の真っ最中で、株も土地も倍々ゲームで値上がりしている。そんなタイミングで小さなベンチャーを育てるなんて効率が悪すぎますから。２年ほど提案が早かった。

その後、バブルがはじけて、ＶＣ事業や新規株式公開（ＩＰＯ）事業を積極化するようになりました。上司が後になって「お前が言ってたことはこれだったんだな」と言ってました。

中山　以前から話をお聞きしていると、木谷さんは勝負強さもありますが、決して好業績を出して数字の力で出世しようという感じではなかったようにも感じます。自分の業務と直接関係のない勉強会なども、よくされてましたよね。

木谷　数字数字というタイプではなかったですね。金融機関向けのトレーダー部門にいたときも、自分で講師を呼んできて投資家向けに投資勉強会を開いたり、全社横断的な若手研修会を提案・実施していたりしました。もちろん自分の部署とは何の関係もないので、評価対象にはならない。でもそうした中で、自分自身も勉強になるし、知らず知らずにできた新しいつながりがその後に生きていく。なにかアイデアで人を巻き込んで変えていくこと自体が、好きだったんだと思います。

「サラリーマンには栄転しかない」

中山　1991年ごろサラリーマンとしての転機が訪れます。上司に反抗した「机バーン事件」があり、その後、秋田支店に転任した件もお聞きしたいです。

木谷　上司との反目や左遷といった憂き目も経験しましたね。1989年に営業企画部に配属されたあと、ルーティンワークと文書作成、社内承認といった仕事ばかりで嫌気がさしていた頃です。IPO企業の開拓やM&Aなどいろいろな提案が却下されて、頭にきて「そんな悠長なこと言ってたら、出し抜かれますよ！」と机をバーンと叩いて部長にタンカを切ってしまいました。そのあとは社内で腫物みたいに扱われる存在になって、誰にも話しかけられない状態になってしまった。今だったらわかるんですが、上下関係が大事な組織で、衆前で上司のメンツをつぶすような行為はとても評価できない。私も若かった。反省してます。

その直後、金融機関向けのトレーダー部門に異動になり、1年半経過した1991年秋ごろ、事件が起きます。のちに発覚した山一證券の「トバシ」[1]についての雑誌記事が出るようになり、それを書いたのが私と親しい雑誌記者だったので、木谷から情報が漏れたという噂

[1] トバシ：1997年に山一證券の経営破綻を招いた約2700億円の債務隠し事件において、有価証券などの価値が暴落したことで負っていた巨額の含み損が決算で損失が表面化しないように、決算期の異なる企業間で含み損のある有価証券を転売していた。

が流れます。当時私はそれを知りうる立場になかったので事実無根です。それでも東京本社に木谷を置いておくとまずい、と秋田支店に左遷されることになったんです。表面上は31歳で主任として最年少の地方の金融機関担当で栄転、という形になっていました。

当時は左遷の理由もわからなかったので、こんなに会社に尽くした自分がなぜこんな仕打ちにと、会社のことが好きでしたし、本当に一晩中泣きましたね。涙がとまらず3キロほど痩せました。

中山　それで退職されて、起業されるわけですか？

木谷　いえ、すぐ辞めたら秋田支店の人にも申し訳ないのと、すぐに始められることもなかったので、その後2年間秋田で頑張りました。実はこの2年こそが、人生の傍らにあった「社長になる」という夢を熟成させてくれたんですよ。起業の半年前から月2回ほど、金曜に夜行列車に乗って土曜朝に上野駅に着き、土日は出資者や新しいビジネスを一緒にやってくれる仲間集めをしていました。

ちょうど勤続10年になる1994年に区切りをつけて退職するつもりで、最後の2年は会社への恩返しのつもりでと働いてたから、秋田支店の中での仕事もうまくいった。仲間も増えた。この経験から「サラリーマンには栄転しかない」と思うようになったんですよね。そう思う状態が作れれば、本当にすべてがうまくまわる。

離れて3年後の1997年に山一證券が自主廃業したときは、やっぱりというか、残念というか、とても複雑な思いでニュースを見てましたね。

3 ブロッコリーの創業・上場・業績急降下

アニメ同人誌即売会からスタートし、「ゲーマーズ」を店舗展開

中山　起業の最初のビジネスとして「同人誌即売会」に注目したのはなぜですか?

木谷　証券会社というキャリアは、独立しにくいんです。ブランドと看板で人のお金を張りにいく仕事ですから、個人ではとても仕事はとれません。証券関係で独立するならM&A仲介業くらいしかありません。当時はM&A自体も一般化していなかった時代ですが。

それで過去の経験はいったん捨てて、相当ズレたことをやろうと。1993年夏に同人誌即売会というものがあることを教えられ、会場の熱気やユーザーの表現愛に感動したんです。なにより分厚い『週刊少年ジャンプ』が200円なのに、こんなに「薄い本」が1000円で売られている、これは相当付加価値の高いビジネスだし、手掛けている人も少ない。面白いビジネスができるんじゃないかと思ったんです。

中山　木谷さん自身は同人誌を読んだり、アニメをみたりといったことはしていたんです

か？

木谷　いえ、アニメはほとんどみてませんでしたね。ゲームやエンタメ全般は好きでしたけど、あくまで自分がユーザーとして好きなものではなく、市場性がありそうなものという観点で探しました。

ただ、少し宣伝すればサークル参加者も一般客も集まると思って同人誌即売会に参入した事業者は、ことごとく行き詰まりました。コミケだけが20万人を集める巨大イベントとなって、新規参入は難しいジャンルでした。

同人誌即売会はインフラビジネスで、毎年同じ時期に同じ場所でやっているうちにブランドができて、売るほうも買うほうも主催者と信頼感が構築できることでまわっているんです。特に「同人誌を買いたい」という買い手を集めることが一番の肝でした。そうすればサークル参加者が増えます。

中山　インフラビジネスという定義は、その後の木谷さんのカードゲームビジネスの作り方に通底するものがありますね。そうはいっても、いろいろな同人誌イベントが百花繚乱だった時代、そこまで儲からないわけですよね？

木谷　同人誌即売会「コミックキャッスル」は１９９４年の第１回で４５０サークル、４５００人のお客さんが集まり、まずまずの結果でした。それでも最初の２回は赤字で、第３回からちょっとずつ黒字になる。そのうち即売会を基軸にしながら、コスプレダンスパーティの主催、アンソロジー本の出版、版権をもらってキャラクターグッズの販売などを始めました。ただ、1回のイベントで数百万円くらいの粗利が入っても、会社は維持できない。1994年は売上が5000万円で2000万円の赤字、1995年は売上が2億6000万円で2000万の黒字という結果でした。

1996年に入って「アニメイト」のようにグッズを販売する「ゲーマーズ」の店舗展開を始めたり、ちょうどポケモンカードが流行していたのでトレカ（トレーディングカード）などの商品を展開するようになって、ようやく1996年に7億円、1997年に18億円と売上も上がっていきました。それなりの利益が出るようになったのも、1997年くらいからですね。

中山　華々しい証券マン時代から考えると、労働集約的な仕事でなんとか黒字を作っていくのは大変な苦労があったかと思います。独立の後悔とか、もうやめようと思ったことはなかったんでしょうか？

木谷　それはなかったですね。とにかく必死で前を向くしかなかった。……でも一度だけ、ありましたね。中山さんも知ってると思いますが、ブロッコリーの初期に入社して現在はブシロードにいるS君というすごいオタクがいるんですよね。かなりのゲーマーで当時eスポーツがあったら有名な選手になったんじゃないかってくらいの逸材でした。

でも彼は社会人としてはダメダメで、まず普通に朝起きて会社に来られなかったんですよ。それで家に電話してみると、「あんた、誰？」って親に言われて。「就職したことを親に報告もしてないのかよ！」と（笑）。それで毎日、朝起こして会社に来させるような状況だったんですけど、そんな彼が飲みかけのジュースを僕の机の上に置きっぱなしにしていた。朝出社してそれを見た瞬間、本当に自分が情けなくてみじめな気持ちになって、起業なんかしないで会社員を続けてればよかったかも、と思いました（笑）。まあその1回だけですね。

『デ・ジ・キャラット』で初めてのキャラクター展開

中山　1998年、年商30億円に到達するころ、『デ・ジ・キャラット』❷というキャラクターを自社版権として展開されました。猫耳、メイド服、特徴的な語尾など、当時の「萌え」の要素を一手に集めたようなキャラクターでした。後年ポストモダンのキャラクターとして時代を象徴する作品とも言われました。ここで初めてプロデューサーとしての木谷さんが現れてくるんですよね？

木谷　そうですね、自分にこうしたキャラクターやストーリーを作り、ファンをひきつけるプロデューサー的な手腕があるとは、それまで思ってなかったんですよね。最初はお客さんの「このキャラいいよね」という言葉だけを頼りに、ポイント交換の景品とかでなく、ちゃんと売り物として10枚500円のポストカードを作ったら売れた。テレホンカードも売れた。人気を加速させるためにゲーマーズのテレビCMのキャラクターとして使ったり、テーマ曲を作ってCDを発売した。歌は社員の奥さんが歌っていたり、かなりお手製の作品だったのですが、それも7000枚売れた。

やれることはなんでもやっていきました。TBSのプロデューサーにアニメ化を持ちかけたら、なんとアニメ化まで決まってしまった。本当に感謝してます。転がるようにキャラクターが出来上がっていったんです。

今思うとまだまだ事業企画の中身は薄かったですけどね。本当に作家の才能とチームや協力会社に恵まれて、ようやくの1作目キャラクターでした。

中山　キャラクターの作り手としてのプロデュース業は初めてだったと思うのです。どうやって作り手としての能力を開花させたのでしょうか？

木谷　いや、同じなんですよ。会社もイベントも作品も、作るということは一緒なんです。必要なクリエイターを巻き込み、ビジョンとコンセプトを示してチームを引っ張り、リリースしたら社外にいるファンをひきつけるために広報、宣伝、PRを行う。自分にとっては会社を作る過程と作品を作る過程は一緒だったんです。その意味ではプロデューサーというのは起業家にとても近いんです。

❷　デ・ジ・キャラット：1998年にブロッコリーのキャラクターショップ「ゲーマーズ」のマスコットキャラとして情報誌などに登場した。黄緑色の髪にネコ耳、両耳と首に大きな鈴をつけ、メイド服を着ながら「にょ」を語尾につける設定年齢10歳の少女キャラクター。マンガ、ドラマCD、音楽CD、TVアニメ、ゲームなどにメディアミックスされた。『デ・ジ・キャラット』の妹分である『プチ・キャラット』のアニメ声優は、公開声優オーディションで選ばれた当時中学生だった沢城みゆきで彼女のデビュー作でもある。萌え要素をちりばめたデザインの集合体で、評論家の東浩紀が「データベース消費論」としてポストモダンな消費性向の代表的キャラクターとしても挙げている。

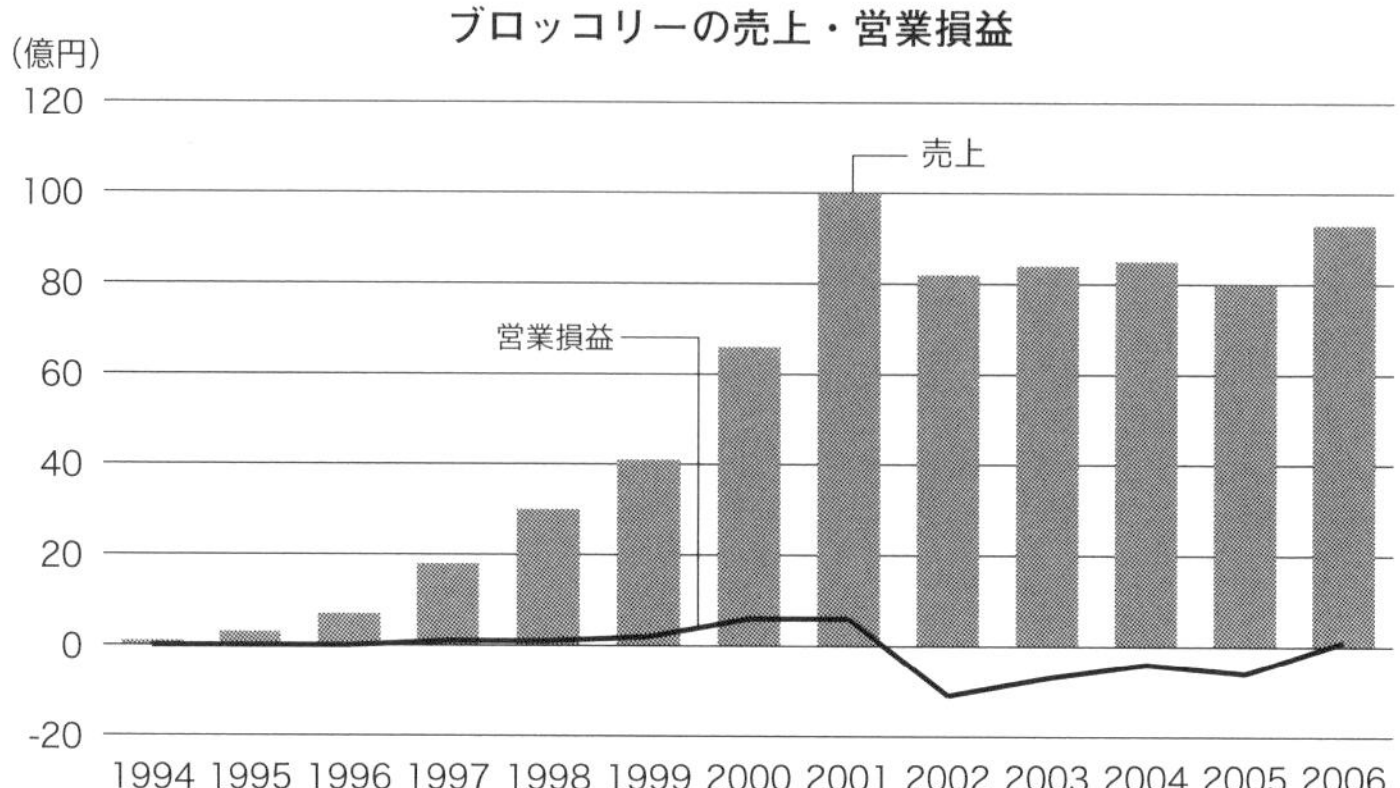

出典）IR資料

それでその後、カードゲームの『アクエリアンエイジ』❸や、メディアミックスのゲーム・コミックス・アニメプロジェクトの『ギャラクシーエンジェル』❹といった作品をブロッコリーで作って、当てていくことになります。

天国と地獄

中山　ブロッコリーは、1998年の『デ・ジ・キャラット』からうなぎ上りですよね。経営的には盤石な状態だったのでしょうか？

木谷　いえ、ブロッコリー時代で「安心できた」のは上場した2000年と2001年の2年間だけです。それ以外は常に、お金の心配も含めてハラハラしっぱなしでした。

　ゲーマーズの大量出店によって2002年度には売上100億円までもっていきましたが、その成長志向の反動で抱えていた大量の在庫が焦げ付き、大赤字を出します。上場直後に業績は急降下し、２００３年度も20億円近い赤字でした。それまで8年間の蓄積がパーになるような強烈な下落を味わいます。

私は小売業に向いていなかったんです。小売は的確に在庫を管理し、ミスを少なく、じわじわ利益を上げる「守りの経営」が大事で、４勝１敗でも負けてしまう。私は当てに行く「攻めの経営」、つまりメーカー側の人間だった。１勝４敗でも勝てる領域だけで勝負すべきだった。

中山　まさに「禍福は糾える縄の如し」な状況で、成長期の8年に比べ、上場後の5年間は本当に厳しい時代だったのですね。

木谷　数か月後には会社のお金もなくなるという状態で、銀行からの借り入れに奔走し、救済してくれる企業を探し回り続けました。最終的には２００３年に佐藤慶太さんのタカラさんの子会社になります。10億円を出資していただき、借金26億円も肩代わりしていただき、助けていただくことになりました。

中山　その後も決して「安泰」とはいえない状態でした。

❸　アクエリアンエイジ：１９９９年に発売されたカードゲーム。萌え美少女の成長過程をモチーフにした物語性のあるルールが特徴的。
❹　ギャラクシーエンジェル：２００１年からアニメ、ゲーム、コミック、ライトノベル、グッズなどが展開されたメディアミックス作品。

木谷　タカラさん自体の業績が悪くなってしまって、ブロッコリーは２００５年にガンホー・オンライン・エンターテイメントを中心としたファンドが受け入れることになります。２００６年に私自身も代表権のない取締役会長を退いて、いちプロデューサーとして続けることになります。２００６年度（07年２月期）に黒字化するまで、赤字は４期連続で続き、累計45億円の最終損失を出しました。私はそのようやく黒字になったタイミングの２００７年４月に、大株主との意見の食い違いもあって退職します。

4　ブシロードの創業と大勝負

カードゲームの可能性に賭けて再び起業

中山　その直後にブシロードを起業する。ブロッコリーで「天国と地獄」を味わって、しばらくゆっくりしようとは思われなかったのですか？

木谷　ブロッコリーの株式をすべて売却したら２億円だったんですよ。もっと多くの金額だったら、しばらく遊んだり、リタイアしていたかもしれませんが、子供たちはまだ小さかったし、残り２億円で余生までゆっくり暮らすことできない。逆に一から事業をするにはちょうどよい金額だった。これは神様がもう一度チャレンジしろと残してくれたお金だと思って、すぐに事業にとりかかります。それでブシロードを２００７年５月に設立します。

中山　ブロッコリーでも手掛けていたカードゲーム事業から始められていますね。

木谷　カードゲームにはまだまだ可能性があると思ったんですよね。２００３年ごろからメーカーや専門店の撤退が相次いでいましたが、２００６年ごろにはちょっと底打ちして上がってくる気配が出始めていた。市場が冷え込んでみんなが守りに入っているこのタイミングのほうが、知名度ゼロの新しい会社が攻めるにはふさわしいと思いました。

中山　たしかにカードゲーム市場は２００６年が「底」ですよね。１９９０年代後半からのブームが収束し、２００６年は前年比４割減となる３８０億円まで下がっていました。もう市場が無くなっていくかもしれないという懸念の声すらあった。それがブシロードの創業と共に復活していく。私も業界でいろいろ話を聞くと、ブシロードのやり方や成長に合わせて業界自体が成長したという声も大きいんですね。

木谷　同人誌イベントと同じで、形だけマネして、ユーザーが遊べる環境をインフラとして整えていない会社も多かった。ただ有名なキャラクターをもってきてカードにして、売り切ったらそこで終わりといった具合です。

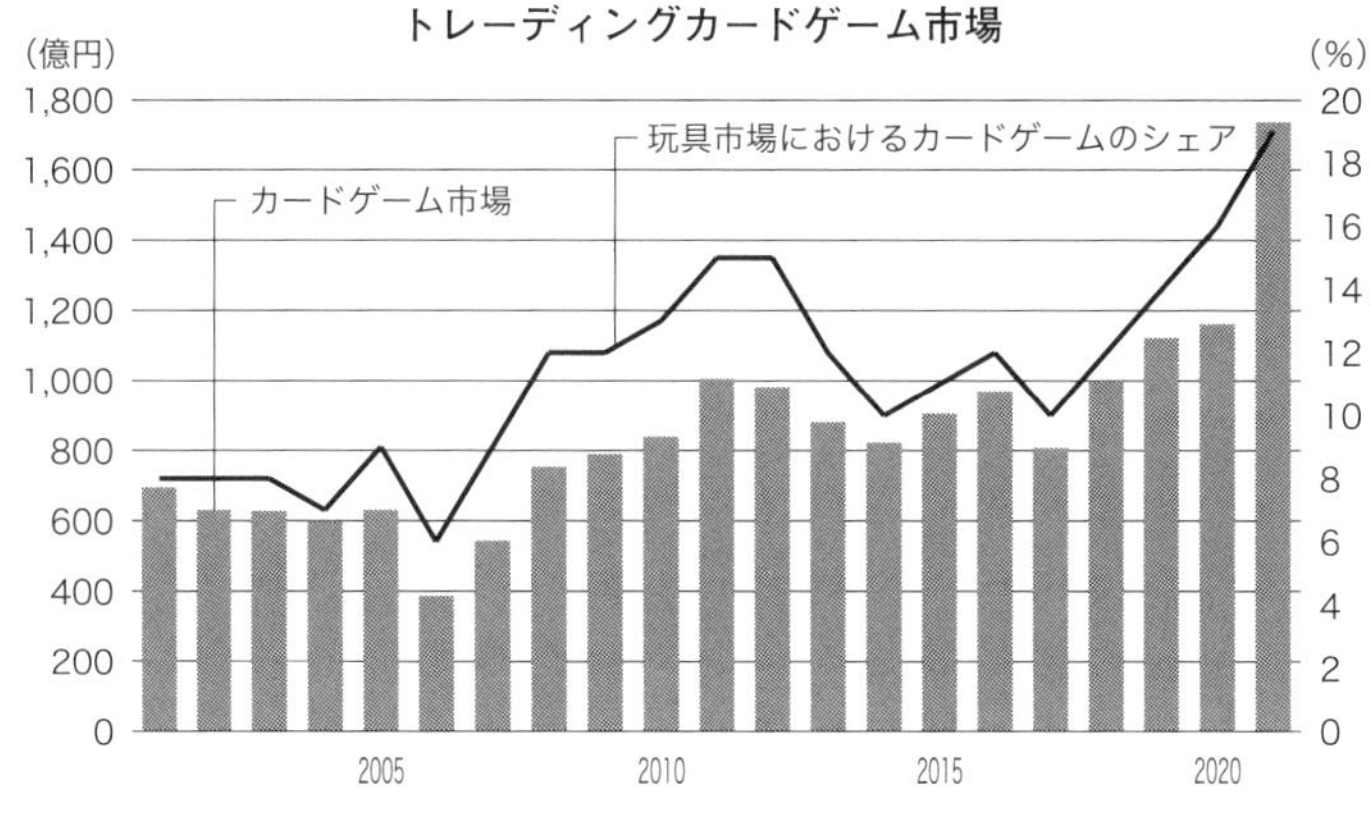

出典)メディアクリエイト調査

でもカードゲームはまさにインフラビジネスだったんですよね。全国の専門店でルール講習をして対戦相手と出会えるようにする。そんな環境整備に力を入れて、全国の専門店に営業したり、公式大会を開催したり、宣伝費もきちんとかけることで専門店も自信をもってブシロードのカードを売ってくれる。この会社はそう安々と撤退しないぞというブランドを、専門店とユーザーとの間に構築できたと思います。

社運をかけた投資で大成功

中山　そのやり方を競合の企業も追随し、業界が安定的に成長するようになります。しかしインフラということは、それだけ最初にインフラ整備のための投資が必要になります。2007年の『ヴァイスシュヴァルツ』❺は最初から大胆な投資をされてます。

ブロッコリーの赤字で苦労したのに、なぜあんな大胆な投資ができたんですか？

木谷　社員10人の会社で初年度3億5000万円の売上をたたき出し悪くない結果でしたが、資本金9000万円に合わせて最初の半年で宣伝費を1億2000万円かけたので、初年度は5000万円の赤字でした。でもその投資の甲斐もあって、翌年は25億円まで売上を伸ばします。

失敗してきたから、間合いの取り方がわかるようになるんです。まわりからみると危なっかしく見えているかもしれませんが、一度失敗しているので、どこに地雷があるかはわかっているつもりです。どこまでスピードを出していいかなどバランス感覚は身に付きましたね。

中山　さらに壮絶だったのは2011年に展開されたカードゲーム『カードファイト!! ヴァンガード』[6]です。2011年1月から土曜朝の子供向けゴールデンタイムに『遊☆戯☆王デュエルモンスターズ』や『デュエル・マスターズ』のように年間ずっとアニメ放映をしてキャラクターを浸透させる手法をとりました。とてつもない投資がかかるので、売上100

❺　ヴァイスシュヴァルツ：ブシロードが創業とともに展開したカードゲームで、他社も含めた様々なアニメ・ゲームキャラクター群が入り混じるクロスオーバーが最大の特徴。「ヴァイス（Weiß）」と「シュヴァルツ（Schwarz）」はドイツ語でそれぞれ「白」と「黒」を意味する。

❻　カードファイト!! ヴァンガード：ブシロードが2011年から展開するカードゲームで、同時にアニメ（テレビ愛知）、コミック（ケロケロエース）、モバイルゲームなども展開されるメディアミックス作品。カードゲームとしては、日本で『遊戯王OCGデュエルモンスターズ』『デュエル・マスターズ』に次ぐ売上3位、北米でも売上5～8位と上位を維持してきた。

億円以上のトップタイトル以外はとっていない手法です。

木谷　テレビアニメで年間50話分の製作は、準備からテレビの枠代まで全部含めると20億円近い投資でしたね。当時は売上30億円規模の会社でしたので、まさに社運をかけた案件でしたが、次年度には『ヴァンガード』だけで売上が80億円に伸びました。

中山　業界トップのコナミ『遊戯王ＯＣＧデュエルモンスターズ』、タカラトミー『デュエル・マスターズ』、バンダイ『バトルスピリッツ』などが寡占していた市場に、ベンチャーのブシロードが新規参入して業界全体に胎動ができました。ブシロードの成長も加速しました。

木谷さんのヒストリー

1980年代：山一證券のサラリーマンとしてアイデア満載の証券営業。米国留学で「ベンチャービジネス」を知り、起業意思を固める。

1990年代：ブロッコリーを創業。誰もやっていない領域で「一発逆転」を狙い、38歳にしてキャラクターのプロデュースに目覚める。

2000年代：ブロッコリー上場後に４期連続赤字となる「天国と地獄」。同社を手放した後、ブシロードを創業して再スタート。カードゲーム事業を展開。

2010年代：『カードファイト!! ヴァンガード』『BanG Dream!』『新日本プロレスリング』などヒット連発。ブシロードのマザーズ上場を実現。シンガポールに移住。

2020年代：海外事業展開を加速。

5 世界展開の成功

これから海外の時代がくると粘った20年間

中山　海外展開も早くから推進しました。ブシロードインターナショナルを２０１０年に、その子会社のブシロードＵＳＡを２０１２年に設立します。私は２０１４年から２０１８年までブシロードインターナショナルの社長をさせていただきましたが、『ヴァンガード』が日本だけでなく世界で受け入れられたことで、その勢いに乗って海外組織を作っていきます。
木谷　カードゲーム市場が北米で停滞していたことも大きいと思います。国内は『遊戯王ＯＣＧデュエルモンスターズ』と『デュエル・マスターズ』、海外は『マジック・ザ・ギャザリング』と『ポケモンカード』と『遊戯王ＯＣＧデュエルモンスターズ』の寡占状態が続いていた中で、久しぶりに『ヴァンガード』のようにアニメも含めた大型タイトルが立ち上がった。国内も盛況でしたが、海外の小売店や販売店からもバンバン問い合わせがくるようになって、その勢いでシンガポール、アメリカにカード販売促進のための拠点を展開しました。

中山　ちょっと不思議だったのは、木谷さんと海外のつながりです。１９８０年代にすでにアメリカ留学でベンチャーキャピタルの影響を受けていたこともありましたけど、ブロッコリーが赤字転落する２００２年にもブロッコリーＵＳＡを設立されているんですよね（２００８年閉鎖）。なぜそんな厳しい時代に海外展開を試みたのでしょうか？

木谷　これからは海外の時代だと思っていました。どんなに厳しい状態でも海外こそが稼ぐ時代がくると。ブロッコリーＵＳＡを設立した時にはアメリカでアニメＤＶＤがちょっとしたブームで売れていた。ブシロードのシンガポールとアメリカも世界的に売れたヒット作に乗じて作っていきました。

　こういう投資は、無駄にならないんですよね。ブロッコリーＵＳＡに赴任した手塚要❼はその後、ブシロードＵＳＡの社長もしてますし、新日本プロレスリングの社長を経て新日本プロレスアメリカを２０１９年に設立することになりました。ブロッコリー時代から20年近くたっても、いまだにアメリカにいますし、この時に無理して手を広げたことは、今現在にも残る大きな資産になってます。

中山　そこから時間が飛びますが、２０２２年になって海外の業績がとんでもなく伸びてま

❼ 手塚要：１９９７年にブロッコリー入社、カードゲーム、キャラクターグッズの店舗運営から流通問屋向けの営業など一貫してキャラクタービジネスに携わってきた。２００５年にブロッコリーＵＳＡ社長、２０１１年ブシロード入社、２０１２年ブシロードＵＳＡ副社長、２０１３年４月から新日本プロレスリングに出向、同年９月に社長就任。２０１８年６月から米国赴任し、ブシロードＵＳＡ社長を経て、２０１９年11月に設立された新日本プロレスアメリカのＣＯＯに就任している。

すね。

木谷　はい、中期4か年計画で発表しましたが、カード事業の売上150億のうち、海外比率はもう45％に達しています。2年前までは20～25％でした。利益面では全社の7割を海外で稼ぐ状態までできました。モバイルゲーム事業やアニメ・イベントなどの事業も海外で展開しており、現在60億円弱の海外売上を、今後3年で倍の120億円までもっていくことを目標に、どんどん海外展開を広げています。

中山　ここまで海外市場に大きなポテンシャルがあると予想していたのでしょうか？

木谷　この2年はコロナ後のアメリカの特異な景気状況ではありますが、それでも動画配信によってアニメに影響を受けた海外ユーザーがものすごい勢いで日本のアニメコンテンツを楽しむ時代に入っており、このチャンスは今後もしばらく続くと思います。「これからは海外の時代」と言っていたころから20年たって、目に見えて顕在化したのがアフターコロナのこの1年です。

創業者自らシンガポールに赴任

中山　木谷さん自身がシンガポールに赴任されたのも、かなり画期的だったのではないかと思います。創業者が海外に本拠地を移した日本企業ってほとんど見たことがないですから。

木谷　ヴァンガードや新日本プロレスの展開に一区切りがついた2014年8月に、自分自身に出向辞令を出して、シンガポールに赴任しました。そうはいってもほとんどの仕事は日本本社にあるので、毎月日本に出張していましたが、それでも2018年3月まで3年半の期間はシンガポールを本拠地としていました。

実は当時小学校5年だった息子の教育が大きかったんですよね。海外の経験をどうしても積ませたくて、それなら子供を連れて自分もシンガポールに拠点を移してしまおうと考えていました。

またそれは自分が創業者でプロデューサーという「個人がまわす会社」になっていたブシロードにとって、私がいなくても「組織でまわせる会社」になるために必要なプロセスでもありました。

6 プロレスとキャラクタービジネス

私は歴史好きなんですが、歴史はキャラとストーリーなんですよ

中山　海外展開の武器になっていった「三本の矢」が、『ヴァイスシュヴァルツ』や『ヴァンガード』などのカードゲーム、『BanG Dream!（バンドリ！）』[8]のアニメ、音楽ライブ、ゲーム、そしてプロレス事業です。2012年1月に、新日本プロレスを5億円で買収します。それまでの事業とあまりにも方向性が違ったかと思いますが、この出資では社内の反対はなかったのでしょうか？

木谷　特になかったですね。プロレスに詳しい人間がいたわけでもないですし、なにより投資を決めた2012年初頭はヴァンガードが大成功してましたので。当たっている人間は止められないんですよね。

実際、プロレスもキャラクターコンテンツとしてメディアミックス展開していくことで、買収前の2011年に11億円だった売上は、2019年に54億円と約5倍規模にまで復活し

ました。ここ数年はコロナで足踏みしていますが、2019年に買収した女子プロレス「スターダム」も今期10億円と、2年で5倍に伸ばしました。

中山　プロレスをキャラクターコンテンツとして展開したというのは木谷さんが初めてではないかと思います。そもそも、なぜエンタメ・キャラクターの事業が好きなのでしょうか？

木谷　歴史好きってエンタメ好きなんだと思うんですよ。歴史って基本的にキャラクターコンテンツとしての偉人たちのストーリーから成り立ってますよね。大河ドラマでは、同じ秀吉でもあれだけ違う演じ方がされているように、それぞれでの解釈次第でいくらでも違うものにできる。

中山　そういえばシンガポールに一緒にいた息子さんも大変な歴史好きでしたよね。現地の外国人をやりこめた話も印象的でした。

木谷　中国人の子が息子に向かって「Japanese came from China（日本人は中国大陸からきた民族だろう）」と自分たちの歴史を誇るような発言をしたときに、「We all came from Africa（人類はみなアフリカからきたんだ）」と返したら相手が黙りこくったという話をきいて、こいつはたいしたもんだと思いました。歴史を学び、異文化との衝突を感じながら、叩かれて人材は伸びるんですよね。

❽ BanG Dream!（バンドリ！）：2015年ごろからブシロードが展開してきたアニメ、ゲーム、音楽ライブなどのメディアミックスプロジェクト。高校生がガールズバンドを結成し、バンド活動を通して成長を描く物語。アニメの声優が楽器を演奏し、リアルバンドとしても活動している。

経営者・事業家・プロデューサーの間でヒットを再現

中山　木谷さんのように起業家でありながら、経営者（会社を大きくする）、事業家（個別の事業を最大化させる）、プロデューサー（作品の作り手）の3つを兼務して、いずれでも成果を上げているのは非常に珍しいと思います。時にはプロデューサーとしてのエゴによって、会社にも事業にも得にならない道を追求する人もいます。そうした視点でいうと、木谷さんにとって一番優先している立場はどれでしょうか？

木谷　経営者の部分が大きいです。作品を残したいという気持ちも大いにありますが、会社を大きくすることのほうが興味は大きい。自分がクリエイターとして走りすぎると、趣味の延長のようなプロジェクトになってしまう。私の場合は、ブシロード初期にやっていた『探偵オペラ ミルキィホームズ』[9]などは、ちょっとその性質が強かった。

中山『ミルキィホームズ』は『ギャラクシーエンジェル』と『名探偵コナン』をかけ合わせたような作品でしたよね。4人の探偵のキャラクターボイスを演じる声優がライブもやり、アニメ、コミック、ゲームにメディアミックスしていくプロジェクトでした。

木谷　あとから考えると、声優4人じゃなくて、そのあとの『ラブライブ！』[10]や『バンドリ！』のように、たくさんの声優をそろえる時代に入っていたはずなんですよね。やれることを自分たちで全部やろうということに執心しすぎた結果、あまり広がらなかったということともあります。ただ、『ミルキィホームズ』はすべてのブシロード作品の礎となっており、功績は大きいと思っています。

中山　『ラブライブ！』は、声優ライブという意味では時代を変えた大型プロジェクトとなり、ブシロードはそのゲーム商品化を担当していました。その『ラブライブ！』も『ミルキィホームズ』に影響を受けたコンテンツですよね。当時ランティスで音楽プロデューサーとして関わられていた木皿さんが以前、雑誌で次のようにコメントしています。[11]

『ミルキィホームズ』の経験は、当然『ラブライブ！』にも活かされています。『ミルキィホームズ』をやってなかったら、μ'sを踊らせようとは思わなかったと思う。最初は「ライブやったら面白いんじゃな

---

❾ 探偵オペラ ミルキィホームズ：2010年からアニメ・映画・コンソールゲーム・モバイルゲームなどで展開されたメディアミックス作品。4人組探偵の声優が、音楽ライブなどイベントで多面的に展開し、『ギャラクシーエンジェル』とも近い作品と言われる。

❿ ラブライブ！：KADOKAWA（アスキー・メディアワークス）、アニメ制作会社のサンライズ、音楽会社のランティスの3社よって2012年から始まったメディアミックスプロジェクト。ブシロードはゲーム商品化を担当。2015年には最初のスクールアイドルグループ「μ's（ミューズ）」の声優たちが第66回NHK紅白歌合戦にも出場を果たすなど高い社会的認知を誇った。

⓫ バンダイナムコグループのレコード会社ランティスで当時制作本部チーフ・プロデューサーだった木皿陽平氏が、ラブライブ！プロジェクト以前に関わっていた『ミルキィホームズ』の経験について言及している記事。「『ラブライブ！』のプロジェクトはなぜ成功した？ 木皿陽平の考え」https://www.cinra.net/article/interview-gyoukairetsuden-vol5-kisarayohei。文中の『アイマス』はバンダイナムコグループが展開するアイドルプロデュースゲームの『アイドルマスターシリーズ』のこと。

い？」くらいの軽い気持ちだったんです。「できるかな？」「やれたら面白いですよね」くらいの感じ。キャストのみなさんに、「1か月で振付を覚えてください」ってビデオを渡して、最初は「え？」ってなりつつ、やってみたら、意外とできたんですよね。ダンスの出来次第では、もっと簡易的なライブにするという選択肢もあったけど、「これなら、ガチでやりましょう」と。…ライブは度々観に行かせてもらっているんですけど、ホント楽しいんですよね。嫌な現実を忘れさせてくれるわけです。あそこに立ってるのは声優さんたちだけど、目を閉じなくても、そこにいるのは春香や千早（キャラクター）で。2・5次元とかとってつけたことは入れたくない。単純に『アイマス』のライブは『アイマス』なんですよ。ゲームをやるのと同じ感覚でそこにいられるのが素晴らしいと思ったので、そういうことがライブをやる上で大事だという意識はすごくありました。…『ラブライブ！』はアニメなので、よりアニメの世界に浸れるようにするために背景に絵を流したり、そういった細かい工夫を考えられたのは、『アイマス』のおかげかもしれないです。

この『ミルキィホームズ』『ラブライブ！』での経験が、ブシロードにとって過去最大のメディアミックス作品になる『バンドリ！』にもつながっていきます。投資という観点でいうと、これが最もリスクをとった作品になるのでしょうか？

木谷　そうですね、年間ＩＰ売上１００億円と、自分が今まで作った中で最大の作品になりました。ブシロードの15年を振り返って、これは成功してなかったら危なかったなというのは『ヴァイスシュヴァルツ』と『ヴァンガード』、そして『バンドリ！』の３つですね。これらは勝負をかけたタイトルです。

時代に合わせて作り方を変えられる者こそが、本当のプロデューサー

中山　先ほどの経営者とプロデューサーの優先順位でいったときに、経営者自身がその統括をしていると、作品に影響を与えすぎることもあったのではないでしょうか？

木谷　確かに自分が手掛けるアニメは似た作品になる、という傾向はあります。私が作るとだいたいハッピーエンドの明るいギャグテイストか、女の子たちの成長ストーリーのアニメになるんですよね。あと男がほとんど出てこないとか。作るのを任せているタイトルも多いんですけれど、自分で作るとやはり私自身の嗜好がどこかしら影響してしまうのか、似たようなテイストになる。

そういったテイストが時代に合わなくなるときがあるんですよ。たとえば主役級が死んでしまうドラマ性の高いものや作家性の強いアニメが受け入れられるトレンドになったときに、そうした物語・ストーリーに作り変えられるかどうか。

ほとんどのヒットって、自分がもともと作りたかったものが「たまたま」時代に合ったというケースだと思うんですよね。でも本当のヒットクリエイターは何度でもヒットを飛ばす。時代に合わせて自分の作り方を変えられる者こそが、本当のプロデューサーなんだと思いま

す。

中山　作り方を変えることもそうですが、スタンスを示すということも非常に大事だと思います。「エンターテインメントを止めない！〜バンドリ！　コロナ禍の軌跡〜」という東京MXテレビの番組を拝見しましたが、２０２０年に富士急ハイランドで唯一行われたライブが『バンドリ！』だったんですね。コロナでほとんどのライブが中止になった後、どの会社もライブ再開を躊躇しましたが、ブシロードは２０２０年8月に3日間で１・４万人を集めるライブを決行します。あの規模のライブとしては、コロナ後の再開1発目の事例だったんじゃないかと思います。

木谷　エンタメって生き様を見せることだと思うんですよね。１００％安全な状態から生き様って見せられるのかなと思った。あんな時代だったからこそ、生、ライブということにこだわりたかった。リスクはあったけど。最終日の最後に打ち上げた花火を見たときは、半年ぶりにライブを届けられたというのもあり、なんだか涙も出てきましたね。

IP（知的財産）を大事にして新しいアイデアで勝負する

中山　ブシロードは5年目の２０１２年には『ヴァンガード』の大成功もあり、ブロッコリーのピーク時の売上１００億円を優に超えました。その後も『新日本プロレスリング』や

『ラブライブ！』のゲームの成功もあり、２０１４年には２００億円に達し、『バンドリ！』という自社キャラクターの成功によって２０１９年には東証マザーズ上場とともに３００億円を超えました。２０２２年にはこれまでの投資が海外で大きく開花して４００億円を超え、4年後には１０００億円を見据えた中期計画を出されています。この「立身出世」は爽快ですらあります。

木谷　実は、全然達成感がないんですよね（笑）。コロナ後の景気で海外がすごく伸びたのと、祖業でもある『ヴァイスシュヴァルツ』が日本のアニメブームで40億円から90億円超えまで伸びたのが大きいのですが、「他社のアニメキャラクター人気が海外で急拡大している」からなんです。やはり自分が作ったキャラクターで最高の業績に、とならないと、なかなか達成感には至らないんですよね。

中山　どこまでも天井がないですね（笑）。木谷さんは様々な事業を手掛けられてますが、一貫性を感じます。歴史から発想を得てキャラクタービジネスを展開し、ライブで人を集めて熱狂を作り出し、そこでできた「熱いコミュニティ」が維持できるようにインフラを整備し、定期的に商品を展開する。その「熱狂を経済に変えるインフラ作り」という意味では、カードゲームも音楽コンテンツも、ゲームもプロレスも共通していたように感じます。まさに「ライブ」から事業を始められてますし。

木谷　そうですね。ライブから始まるキャラクターコンテンツ、というのが自分の事業の軸だと思います。ノウハウがなかったからできたんだと思います。エンタメ会社ってなかなか

ブシロードの売上・営業利益率

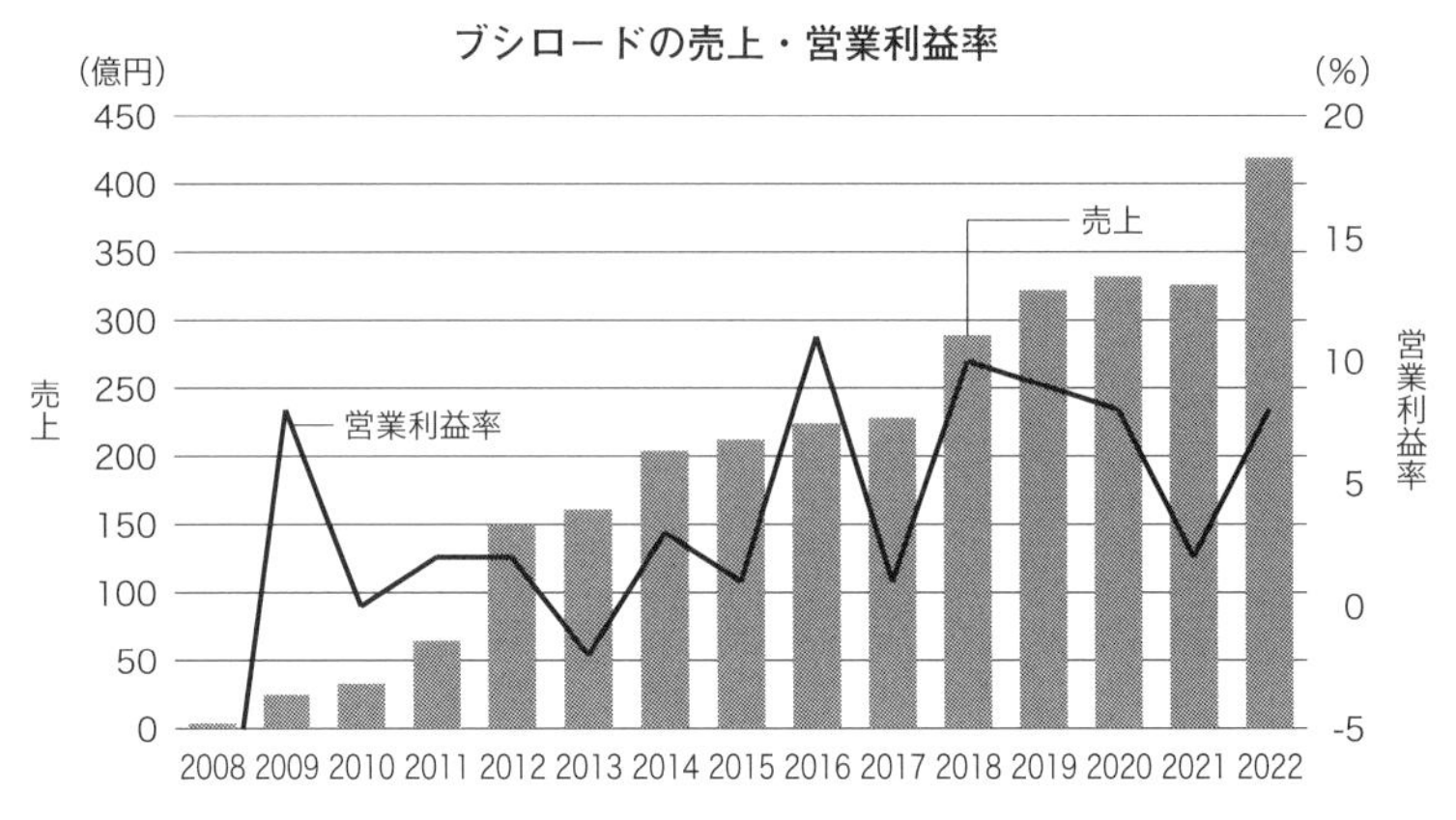

出典)IR 資料

新陳代謝が起こらないんですよね。ゲームも玩具も出版も音楽も古い会社が大手であることが多い。そこに新規参入すると、たいていは「受託」か、有名キャラクターを借りるビジネスになってしまう。

2000年代に入ってから、受託以外でエンタメのベンチャーって、ほとんどないはずなんですよ。2010年前後からのソーシャルゲームの会社を除くと、私の知っている限り、ブシロードとグッドスマイルカンパニー⓬くらいじゃないでしょうか。

そのくらいIP(知的財産)としての資産が大事で、新しいアイデアで勝負するのは難しい業界です。だからこそ自らキャラクターや作品を生み出そうとする野望ある新しい企業が、今後も生まれてくることが大事です。その意味ではVチューバー企業などのネットエンタメ企業の台頭は本当に良いことだと思います。

ルール自体を再定義できるような癖付けや教育が必要

中山　新陳代謝も含めて、日本のエンタメ業界の課題はどこにあると思いますか？　海外に出ていくことに対して、これだけ中国、韓国の企業と差がついたのはなぜでしょうか？

木谷　教育と英語ですね。協調性を追い求めすぎて、「出された問題を解ければよい」というタイプが多いのが日本です。誰もが同じ答えを出せるように訓練され続けてきた。だから他人が決めたゲームのルールの中で、ずっと懸命に頑張りすぎてしまう。でも、大学の国際格付けランキングから、債券の格付けまで、ルールはそのルールメーカーが有利なように作られている。他人が決めたルールの中で競争したって勝てっこないんです。

決められたことから一度離れて、本当に必要なものを考えてみる。ルール自体を再定義してみる。そういう癖付けや教育が小さいうちから必要ですね。あとは英語ですね。繰り返しますが、自分自身で考える力が最も重要です。

⓬ グッドスマイルカンパニー：バンプレスト子会社ミューラスの担当者だった安藝貴範が2001年に創業したフィギュア・玩具メーカー。2006年からの「ねんどろいど」シリーズはフィギュア業界全体を底上げする大ヒット作となった。アニメ製作やモバイルゲームなども手掛け、2021年9月実績で売上361億円、従業員約180人。特に米国・中国など海外で大きく成長している。

木谷さんに学ぶポイント

「サラリーマンには栄転しかない」

あらゆる失敗は無駄にならない。リスクが限定的なサラリーマンの立場であれば。失敗も左遷もすべて糧にした道の先に、起業家としての成功があった。

「ノウハウがないことが武器になる」

業界に染まらず、なんでも自分たちでやる。そうした中で業界にそれまでなかった動きができる。

「人の行く裏に道あり花の山」

同人誌即売会、カードゲーム業界、プロレスなどカオスだった分野に、皆が注目していないタイミングで参入する。

「問題を解くのではなく、問題自体を作り出せ」

答えを出す能力ではなく、問いを作り出す能力が大事。人の作ったルールの上で同じ答えを求めるのでなく、自分自身がルールメーカーにならなくてはいけない。

日本映画界の絶望的状況を乗り越え、アジア進出

不屈の特撮作品監督
舞原賢三

（映画監督）

まいはら・けんぞう

1961年生まれ。専門学校を卒業し、鈴木則文に師事し映画監督の道を志す。1993年『MAESTRO』で監督デビュー。1990年代にフジテレビ『木曜の怪談』やテレビ朝日『アナザヘヴン～eclipse～』など多くのテレビドラマの演出を担当。2000年代に『スーパー戦隊シリーズ』『美少女戦士セーラームーン』『仮面ライダーシリーズ』など特撮の演出も手掛け、2010年代半ばからはその海外展開に挑戦。インドネシアでMNCグループ、伊藤忠商事、バンダイ、石森プロと特撮テレビドラマ『BIMA』を制作。その映画作品は、同国内400館で上映され、国民的ヒーローとなる。

1 60年前がピークだった映画監督

高齢化が進む監督協会。薄給の中で厳しい現実

中山　自己紹介をお願いします。
舞原　舞原賢三と申します。1980年ごろから映画・テレビドラマ制作に携わり、21世紀に入ってからは『スーパー戦隊シリーズ』『仮面ライダーシリーズ』『美少女戦士セーラームーン』などの特撮作品を多く監督してきて、現在は『クロステイル～探偵教室～』❶が撮影クランクアップしたところです。また、日本映画監督協会❷の理事もやっています。
中山　日本の映画監督ってどのくらいの数いらっしゃるんでしょうか？
舞原　日本の映画監督全員が監督協会に入会しているわけではないので、正確な数はわからないですね。ただ、自称映画監督も含めると相当な数になるでしょう。中山さんが今持っているスマホのカメラは4Kですよね。解像度としては映画館のスクリーンにかけられます。実際スマホで撮影した映画もあります。そういう意味では1億総監督かも。

監督協会は現在５００人弱の所属者がいて、３分の１は最後に監督した映画から長い時間がたった巨匠の監督たち、３分の１は映画学校の講師など他の仕事を主としている人たち、そして現在もコンスタントに映像作品を撮り続けている人が３分の１くらいといったところでしょうか。

ちなみに60歳を過ぎている私でも、監督協会に行くと実はいまだに「若手」扱いなんです。日本の人口比率と比例して高齢化しています（笑）。そもそも日本映画監督協会は、いつごろからあるか、ご存じですか？

中山　戦後にできたとかですか？

舞原　二・二六事件❸のときなんですよ。１９３６年に陸軍将校がクーデターを起こしたあの日に設立されました。戦時中は政府の要請により解散して、復活したのが１９４９年。設立当初は、「旧五社」（東宝・松竹・東映・日活・大映）と言われる映画会社所属の監督を中心に、映画監督の地位向上と映像分野の発展のために活動をしていました。他社監督との情報

❶ クロステイル ～探偵教室～：２０２２年４～５月の東海テレビ制作・フジテレビ系列の土曜深夜枠のドラマ。舞原賢三の持ち込み企画から始まった作品。

❷ 日本映画監督協会：組合・結社を組むことに国が神経質だった時代に西欧にならって映画監督の地位向上のためにと村田実、牛原虚彦、衣笠貞之助らによって結成。理事長は小津安二郎、大島渚、深作欣二、山田洋次など錚々たる監督が歴任している。

❸ 二・二六事件：１９３６年2月26日に起こった日本のクーデター未遂事件。陸軍青年将校らが蜂起し、政府要人を襲撃して永田町・霞が関一帯を占拠したが、最終的には失敗に終わる。この結果、岡田啓介内閣は総辞職、のちに思想犯保護観察法を成立させた。

交換と親睦の意味もあったと思います。
その後1971年に著作権法が変わって、それまであった監督の著作権が剥奪されてしまいました。それに対抗して映画監督に著作権を取り戻すことを大きなテーマとして活動している団体でもあります。
中山　DVDなどパッケージに監督印税ってありますよね？
舞原　パッケージや配信など作品の2次使用料のことですね。特別の契約や出資をしていない限り、映画がどんなにヒットしても監督には1円も入りません。2次使用料は、あくまで監督協会と映画会社やテレビ局との「協定」なんですよ。法律としては権利確保が明文化されていないんです。1971年の法改正時、映画会社も財政が厳しかった時代なので、製作側に有利な仕組みになってしまった。反対もほとんどないなかで、「監督にはとっぱらいで対価を支払う。ただし作品の『著作権』は会社にある」というのが現在まで続く制度的なスタンスなんです。
中山　1971年のその法改正のタイミングで、なぜすんなり監督たちは権利を手放してしまったのでしょうか？
舞原　そのころは、監督の多くは社員として映画会社に所属していて、給料も悪くなかったので、それほど危機感が無かったのではないでしょうか。東大・京大に入るより映画会社に入社するほうが難しいなんて言われたほど、エリートが映画会社に就職する時代でしたから。
中山　そして1970〜80年代に、会社員として雇用された監督がほとんどいなくなり、み

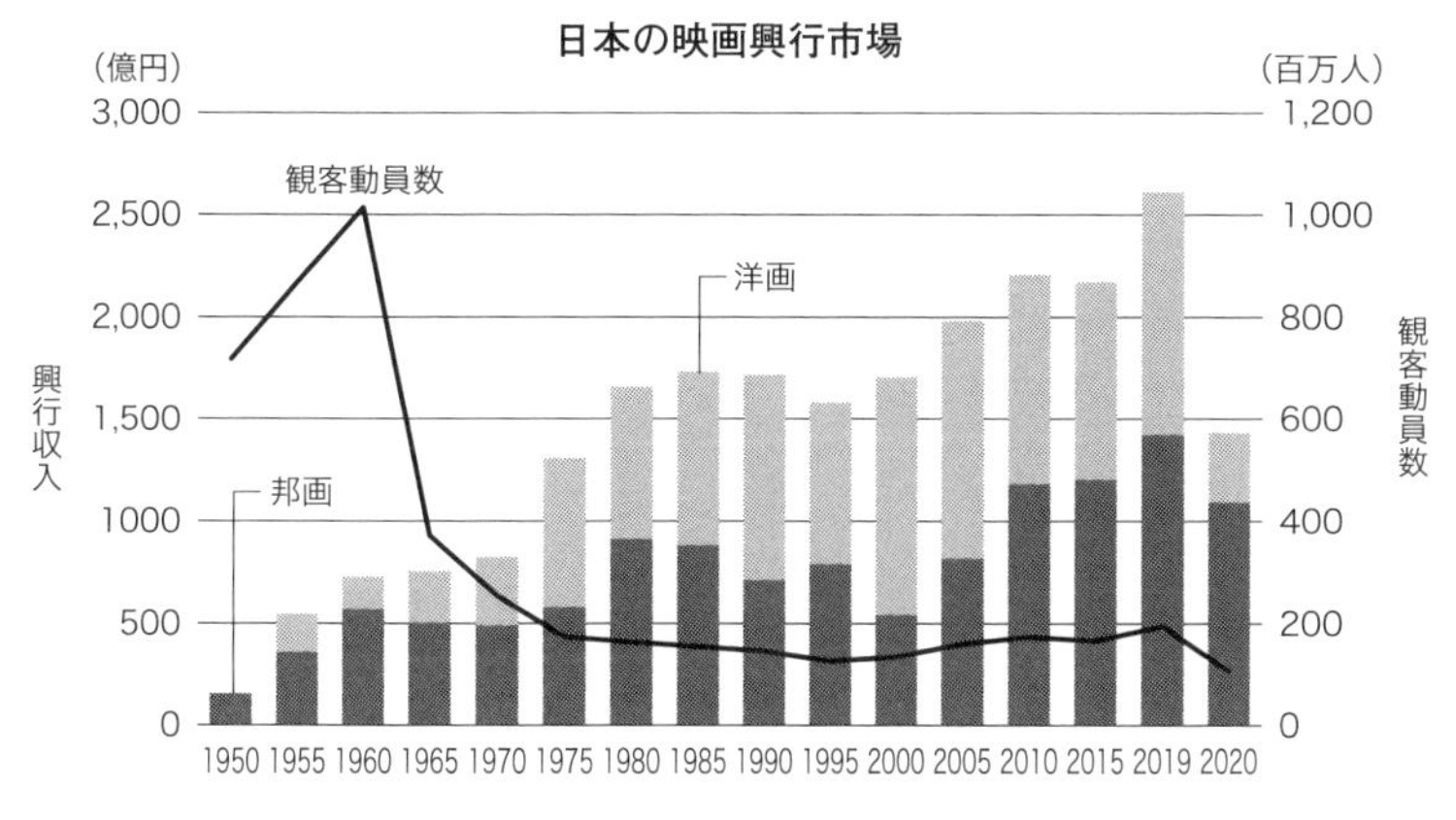

出典)『情報メディア白書』ほか。1955～95年は邦画・洋画の配給収入比率から割り戻した

んな個人事業主（フリーランス）になったわけですね。1980年代は映画はテレビに視聴者を奪われ、どんどん落ちていく時代です。邦画の興行収入は、1980年の912億円から2000年には543億まで半減しました。『タイタニック』など洋画で業界全体はもっていましたが、日本映画は暗黒期にも近いですね。そのため給与も低くなっていくので、その後、一気に権利にセンシティブになってくるんですね。今の若い監督は「協会に所属して、声を上げて権利を獲得しよう！」という話にはならないんでしょうか？

舞原　新進気鋭の若手監督は自分たちで会社を作っちゃってますね。そこで出資をしたり版権ごと自社で押さえたりする。なので若い監督がなかなか監督協会に入ってくれないのが現状です。それに伴って監督協会の高齢化がどんどん進んでいるんですよ。でもね、著作権が監督にないと、権利者が勝手に映画の内容を変えたりする可能性もあるので、要注意なんですよ。
中山　そもそもなんですけど、映画監督って、いくらくらいもらえるものなんですか？
舞原　うーん、映画のサイズによってまちまちですが、1本100万円とかですかね。多くても1本300万円で、もっと安い場合もしばしば。しかも、それで自分で脚本まで書いたりしますからね。
中山　え！　監督って、ロケハンから撮影、あとの編集まで入れると、制作スタッフや役者が費やす2倍くらいの時間はゆうに動かれているメージがありますが。
舞原　そうですね、作品によって、半年とか、ものによっては1年超えもあります。それでいてギャラは安い。パッケージも監督印税が期待できるほど売れないですからね。親戚の子が「映画監督になりたい」って言ったら、私はとりあえず反対しますよ（笑）。
中山　そんな現状なんですね。舞原さん、よく映画監督になりましたね……。
舞原　映画産業ってピークが昭和33年（1958年）ころだったんです。当時は儲かりすぎてお金を段ボール箱に詰め込んで、足で押してぎゅうぎゅうに圧縮して銀行に持って行ったみたいな話も聞きます。ちなみに「ゴールデンウィーク」は、連休で映画館がものすごく儲かったことから言い始められた言葉です。
　その後テレビに勢いが出てきても、私がこの業界に入った1980年ころはまだそんなに調子は悪くなかった。ちなみに、そのころ私が関わったテレビのスペシャルドラマの制作費は3億円で、今では考えられないほどの高予算でした。

最近、話題になってましたが、『ゆれる』『すばらしき世界』などのヒットを飛ばしている西川美和監督が[4]、『女性自身』で「監督は専業で暮らせない。映画の価値が低いと思わされる」と心情吐露していて、激震が走りましたね。「彼女が食えないなら、一体誰が食べていけるんだ！」と。そのくらい苦しい職業です（笑）。

4か月の撮影期間中ろくに寝られなかった連続ドラマの地獄

中山　映画制作のブラックな職場環境はいろいろ悪名高いですよね。

舞原　今は、少しは良くなりましたよ。私が若手のころ（1980年代）って、連続ドラマの撮影って、1時間ドラマ13本を4か月くらいで作るんですけど、……寝られないんですよ、ほとんど。

中山　寝られない？　さすがに数日間連続とかは無理ですよね、人間として。

舞原　いや、そのギリギリのレベルですよ。4か月、ホントに寝られなかったんですから。

---

❹ 西川美和（1974〜）：早稲田大学時代から映画製作を志向し、是枝裕和監督に見いだされて、映画『ワンダフルライフ』にフリーのスタッフとして参加。監督デビュー作は『蛇イチゴ』（2002）、その後は『ゆれる』（2006）でキネマ旬報ベスト・テン2位ほか数々の賞を受賞、作品賞・監督賞部門での女性監督の受賞は史上初だった。同作は自らノベライズしており、三島由紀夫賞の候補にもなった。

やることが多すぎて。キャストを含めた全員の弁当の発注しながら、小道具チェック、明日の撮影の段取り、だいたい朝方3時ぐらいまでやって、なんとか当日やることは終わって、やっと休める〜となっても、2時間後にはキャストが入ってきちゃう。熟睡しちゃうとマジで起きられないので、そのまま座った姿勢で仮眠して、5時にスタジオ入りした最初の俳優さんに起こしてもらうとか。人間、そんな状態を数週間続けるとどうなると思います？

中山　イライラというか……もう会話とか、できる状態じゃないんじゃ……。

舞原　そう、言葉が出てこないんですよ。上司も大して寝てないんで、ピリピリして怒鳴るんですよ。「お前、アレもってこい、アレ！」「はっ、はい…アレってなんですか？」「アレ…アレってなんだ…（ぐう）」で、その瞬間に上司も眠ってるとか（笑）。マンガみたいですよね。

あと、当時はカメラがつながっている直径5センチくらいのケーブルがスタジオのそこらじゅうに張り巡らされていて、よくつっかかるんですよ。普通なら軽くまたげばいいんですけど、そこに面白いくらい毎回ひっかかって、毎回転ぶ。学びましたね、「寝ないと人間は、転ぶんだ」ってね。

中山　「不眠不休官僚」とか「不眠不休コンサル」の話はたくさん聞いてきましたが……それはさすがに常軌を逸してますね。「不眠不休スタッフ」って、本当に生と死の境目のような……。

舞原　でも、そのくらい連続ドラマの撮影って地獄だったんですが、最近のドラマをやってみたら驚きました。ちゃんと週1日、「撮影休暇」があるんですよ。まあその日も仕事しちゃうんで、完全には休めないですけど。でも4か月寝られない、みたいなことはなくなりましたね。この業界も少しは良くなりました。

中山　邦画市場って1980年から2000年くらいまで下がり続けますよね。1990年代後半からジブリを筆頭にアニメで復活してきますが、実写映像は厳しく、人材が流出していった。この時代、どうやって映画人材はサバイバルしてきたのでしょうか？

舞原　まずバブルがはじけたとき、使えない人間がクビになった。実はこれはまだ幸いなんです。早いタイミングで次の仕事に転身できましたからね。次にデキる人間が自分から辞めていく。彼らはどこでも活躍できますから、異業種でもうまくやってます。

私の世代でいま映画業界にいるのは「最後に残された」層で、私のようにどちらでもなかった人間が多い印象です。この層が、なんとか映画からテレビに、テレビから配信にと、コストカット圧力の中でなんとか食い続けてきたというのが、現在に続いている動きだと思っています。

2 体を張って撮った麻雀映画

賭け麻雀の現場を知るため雀荘にバイトで潜入

中山　1981年に専門学校を出て映像業界に入った舞原さんは、鈴木則文監督[5]に師事しながら助監督として映画やテレビドラマに関わり、監督デビューは1993年『MAESTRO（マエストロ）』[6]ですね。

舞原　カチンコ[7]を7年やってましたからね。監督デビューは早いとはいえず、下積みは長いほうだったと思います。当時、フジテレビの制作をしていた共同テレビでいくつか作品に関わっていて、そのときのご縁で「そろそろデビューしたら？」と1993年に最初の監督をしたドラマを撮りました。

中山　そこから30年で30作品以上も監督されていますが、今までで自分として一番の「傑作」が作れたと思える作品はどれですか？

舞原　うーん、難しいですね、いろんな観点があるから……。でも一番「燃え尽きた」作品でいうなら、1995年の『闘牌伝アカギ』[8]かもしれません。
中山　それはどういった点ですか？　麻雀ドラマって特殊なジャンルですよね。
舞原　はい、ある日突然「舞原、麻雀やったことある？」と言われ、「はいはい、あります。よく知ってます」といって仕事を受けてしまったのが運の尽き。学生麻雀ぐらいしか知らない私は、焦って、賭け麻雀の現場を知るために、アルバイトとして雀荘に潜り込んだんですよ。この近く（インタビュー現場の早稲田大学周辺を指さして）に雀荘があって。
ヤバイ雀荘なので、点棒を使わないんですよ。1点＝1円で、その場でお札を場に乗せて1回ごとに精算。役満に振り込むとその場で4万～5万円払う。リーチは千円札を丸めて目の前に出す。目の前でガンガン1万円札が舞っていましたよ。

❺ 鈴木則文（1933～2014）：1956年に東映京都撮影所に入社、65年『大阪ど根性物語 どえらい奴』にて監督デビュー。『緋牡丹博徒』では脚本を担当して藤純子演じる「お龍」のキャラクターを確立し、その後の『女囚さそり』『極道の妻たち』などと続く女ヤクザ映画の先駆けとなる。「不良性感度」を重視した東映の会社カラーを支え続けた監督。
❻ MAESTRO：1993年10月から94年3月まで放送された30分のクラシック音楽紹介番組。西村雅彦の初めてのテレビ主演作品。
❼ カチンコ：撮影のスタートとカット時に黒板式のボード（Clapperboard）を「カチン！」と打つ役割。
❽ 闘牌伝アカギ：『賭博黙示録カイジ』で有名な福本伸行による麻雀マンガ（竹書房『近代麻雀』に1992～2018年連載）を原作としたVシネマ作品。

あの緊張感を生で伝えたい。血を吐いても撮影続行

中山　まじですか！　すごい「闇」雀荘感ですね。

舞原　「負け抜け」のルールでやっていて、振り込んだり、財布が空になった順に場から抜けていく。だからまわりを常に7〜8人が取り囲んで、誰かが抜けると誰かが補充される。負けた人間は壁のほうで寝転がって高いびきをかいている。強い人間だけがその場に座り続けることができるんです。

ビビったのは「ちょっと、兄ちゃん、トイレいってくるから、牌並べといて」とバイトだけど代わりに打たされた時です。

中山　怖くて手が震えそうですね⁉　恐ろしすぎる。

舞原　とにかく失敗しないように、牌を倒さないように、そそうをしないことで精一杯。ただ、映画屋の性分で、「これはいいところに居合わせた！」と映画作りのためにとにかくその瞬間の空気をつかまえようとしました。気づいたのは、誰も相手の顔を見ないんですよ。しーーーんとした静寂の中で、全員、場の牌だけに全集中している。

手牌もバラバラに置くんですよ。きれいに萬子（マンズ）、筒子（ピンズ）、索子（ソウズ）を分けて数順に置いちゃうと、裏からでも「萬子の高め、低め狙ってるな」とかバレるので、とにかく自分にしかわからないようにばらっぱら。

そんな中、ツモって、牌を見て、場を見て、牌を入れて……1つ牌を捨てるまでに撮るべきカットを数えたら「38カット」。この緊張感や動きをなんとか映像にしようとしました。

中山 それ、カット多すぎですよね⁉ どこまで撮るんですか？

舞原 ある時、『闘牌伝アカギ』の原作マンガを発行している竹書房の方に言われたセリフがあります。

竹：「監督、AV見る？」
舞：「……⁇ み……見ますっ！」
竹：「あれ、インタビューとか見る？」
舞：「うーん、だいたい飛ばしますね」
竹：「飛ばす、よな。早送りして。絡みだけ見るよね？」
舞：「そうですね」
竹：「麻雀映画にとっての絡みは手牌だ！！！」

それでズガーン！と落ちましたね。一番の主題である絡みを見せないといけない。手牌をどう見せるか、そこに雀荘バイトの経験がフルで生きたんです。

それ以前も、ヤクザモノやエロを絡めたドラマとしての麻雀モノはあったんですが、純粋に「麻雀というゲームそのもの」を主題としてドラマにしたのは、あの『闘牌伝アカギ』が一番最初じゃないですかねえ。

中山　がっつり麻雀漬けなり、撮り方を考えて撮影に臨まれたんですね。そこまで本気だと、作品としても全然違うものができそうですね。

舞原　必死ってよく言うじゃないですか、必ず死ぬって書いて。本当にあのときって必死だったんですよ。撮影終わったら死ぬかもと思いながら撮っていた。

実際、撮影中に血を吐いたんですよ。「カット！」って言った瞬間にゴポッと胃からこみあげてきて、そのまま吐血した。ゴフッて感じで。胃に穴が開いてたんですよね。でもそのまま、撮影続行でした。そのくらい、全身全霊をかけて、あの雀荘の緊張感を生で伝えるようにいかにこの作品を残すか、体を張って撮ってました。

中山　そうした経験はその後の作品につながっていくものなんですか？

舞原　作品ごとにテーマも全然違いますから、そのまま使えるわけじゃないんですが、ただ「あれだけやれたんだから、もうなんでもできるよね」と覚悟がつく感じですね。でも、もうあんな撮り方は二度とできない。

舞原さんのヒストリー

1980年代：鈴木則文に師事し、テレビ助監督として7年間カチンコ担当。
1990年代：監督デビュー。フジテレビを中心にテレビドラマ、映画の演出。日本を代表する女優たちとの仕事。
2000年代：『スーパー戦隊』と『仮面ライダー』という特撮2大ジャンルを手掛け、「ジャリ版」のスペシャリストに。
2010年代：特撮の海外化に挑み、インドやインドネシアに単身乗り込む。『BIMA-X』はインドネシアで視聴率30%、映画は400館上映の大ヒットに。
2020年代：コロナで一時中断となった海外での特撮やVRなど先端技術に挑戦。

3 華麗なる女優、特撮、アニメ

北川景子、広末涼子、檀れい。女優たちを輝かせる

中山　本当にいろいろな作品を撮影されてますよね。苦手だったり難しかったりしたものはなかったんですか？

舞原　2003年の『美少女戦士セーラームーン』[9]は最初、自分には全く向いていないと思っていたジャンルです。男性俳優だったら思い切り指導しても遠慮なかったんですが、うら若き女優さんばかりで、かなり気を使いました。でも実は結構面白く撮れて。火野レイ役の北川景子さんも役にぴったりでしたね。

　麻雀の時もそうですが、苦手だと思っても、やってみるもんですよね。原作がすごい作品だと、普通に映像を撮っても原作の劣化版にしかならない。そうした中で武内先生[10]に信頼していただけたというのもあって、良い作品が撮れたかなと思います。

中山　やっぱり女優さんってすごいんですかね？

舞原　すごいですよ！　1997年の『木曜の怪談』⓫の「悪霊学園」の主演女優は広末涼子さんでしたが、本当にびっくりするほど輝いてました。スタジオ入りで待っているときに、遠くから車を降りて現場に向かってくるんですが、人ごみの中でもすぐわかるんですよ。あ、広末さんが来たなって。輝いてますから。

「華がある」ってよく言いますけどね。いろんな女優さんを見てきてそう思いますし、あのときの広末さんは本当にオーラがすごくて、きっと生命力が強いんだなあと感じました。

中山　『クロスティル』の檀れいさんも、拝見していてもすごい存在感を感じます。

舞原　本当にそうですね。若手俳優が多い中だから、彼女が現場を引き締めないとっていう役割だからだと思うのですが、撮影現場でも彼女の演技の思い切りの良さが派生して、ほかの役者さんにもすごく影響を与えています、

❾『美少女戦士セーラームーン』：マンガを原作とする実写テレビドラマで、中部日本放送、東映制作、TBS系列の土曜朝枠で放送された（2003年10月～2004年9月、49話）。VHSとDVDの合計売上は8巻で計11万本。北川景子の女優デビュー作がこの『美少女戦士セーラームーン』だった。

❿武内直子（1967～）：1986年に『LOVE CALL』で第2回なかよし新人まんが賞に入選し、マンガ家デビュー。『美少女戦士セーラームーン』は1993年に第17回講談社漫画賞少女部門受賞、発行部数全世界3000万部を超える大ヒット作となった。テレビドラマ版の『美少女戦士セーラームーン』については、特撮マニアである武内がアニメ化の話が進んでいる頃からやりたかったと語っている。夫は『幽☆遊☆白書』で知られる冨樫義博。

⓫『木曜の怪談'97』：1997年のフジテレビ木曜ゴールデンタイム枠のドラマ。広末涼子は1997年5月の「悪霊学園」で主演女優を務めた。

一転して特撮の世界へ。最初は腐ったが「これはカッコイイ！」

中山　2000年代に入ってからは一転して、戦隊シリーズや仮面ライダーを担当されるようになります。その時期はどんな感じだったんですか。

舞原　正直に告白すると、最初は腐ってたんですよ。2000年代に入って、仕事の数が減ってきて、撮りたいものも撮れない。そんなときに知り合いのプロデューサーから戦隊シリーズの仕事をいただいて、まあやってみるかと『百獣戦隊ガオレンジャー』[12]から始まります。東映の特撮は独特の「ムラ社会」のようなものがあって、僕のような外様の監督があとから入っていくのは結構珍しかったんです。

特撮は「ジャリ版（子供向けのチープな作品というニュアンス）」と言われていて、映画や一般のドラマに比べて地位が低いと思われていて、自分の中でもモヤモヤしたものがありました。でも中澤祥次郎[13]チーフ助監督（現在はバリバリの監督です）と飲みに行って、「特撮って面白いところ、どこなの？」と聞いたら、迷いの一切ない瞳で「照れずにカッコいいところを撮れるところですよ！」と言ったんです。

これはカッコいいな！と。自分もこうやって誇りをもって、特撮の一番面白いところを表現したい！もっと良くしたい！って思いました。変身したり、玩具をうまく差し込んだり、制約も多いんですが、うまくそこの文脈にのせて、自分なりに泣ける話などちょっとずつアレンジしていくうちに、一部のお客さんから「特撮ヒーローモノの監督」と呼ばれるようになりました。

中山　『仮面ライダー』も撮られてますよね？

舞原　はい、戦隊とライダーは、当時はそれぞれ独自のスタンスで、スタッフの行き来があまり無かったので、両方とも撮影していた監督は珍しかったはずです。『仮面ライダー電王』[14]（２００７）から始まり、キバ（２００８）、オーズ／ＯＯＯ（２０１０）、ウィザード（２０１２）、ドライブ（２０１４）と結局２０１０年代半ばまで仮面ライダーを撮ってましたね。僕の作品で一番売れたものというと、この電王かもしれません。テレビだけじゃなく映画『超・電王トリロジーＥＰＩＳＯＤＥ ＢＬＵＥ』[15]も撮らせてくれましたから。

中山　特撮といえば東映さんですが、映画業界でいうと、２０１０年代は東宝一強というくらい東宝が強かった時代ですが。

[12] 百獣戦隊ガオレンジャー：２００１〜２００２年に東映制作、テレビ朝日系列で放映された。
[13] 中澤祥次郎：スーパー戦隊ものや仮面ライダーシリーズ等主に特撮テレビドラマ作品の監督。助監督時代の名義は「中沢祥次郎」。
[14] 仮面ライダー電王：テレビ朝日、東映、ＡＤＫの製作でテレビ朝日系列の日曜朝枠で放映された２００７年の作品。佐藤健主演。２０２１年11月ＮＨＫ ＢＳプレミアムで放送された歴代ライダー人気投票『発表！全仮面ライダー大投票』（投票合計約56万票）では堂々１位を獲得した。
[15] 超・電王トリロジーＥＰＩＳＯＤＥ ＢＬＵＥ：２０１０年５〜６月にかけて『仮面ライダー電王』の劇場版３部作として連続公開されたＲＥＤ、ＢＬＵＥ、ＹＥＬＬＯＷの２作目。初日２日間で興行収入１・９億円、16・６万人を動員した。３作合計での興行収入は13億円。

舞原　東宝さんでも『超星艦隊セイザーX』[16]を撮りました。川北紘一さん[17]という「東宝特撮の天皇」と呼ばれる人がいて、とにかくものすごい辣腕なんです。平成ゴジラの特撮監督をした方と仕事をご一緒できると興奮しました！

そんなに撮影予算もないはずなのに、ここまで出来るんだ！　とにかく東宝伝統の巨大戦が素晴らしかったですね！

すごいものを撮る奴は必ず、勉強し続けてます

中山　舞原さん、アニメもよくご覧になってますよね？　なぜですか？

舞原　新番組は全部見てますね。3話まではすべて録画して見ます。決してアニメが得意なわけじゃないんですが、実はアニメは実写の勉強になることが多いんです。

アニメって、キャラからセリフから構図まで、全部作り手の頭の中から出るものじゃないですか？　実写はいいキャストをそろえて、奇跡的に天候が良かったりすると、想像もしてないものが撮れたりします。実力以下にもなるし、実力以上にもなる。でもアニメは本当に作り手の実力が如実に出ますね。板野サーカスはご存じですか？

中山　アニメーターの板野一郎[18]さんの映像表現ですよね。庵野秀明監督もその使い手とされています。

舞原　そうです。アニメなのに、高速で動くミサイルが画面に収まりきれない。アニメだからカメラが追い付けないなんてありえないのに、画面から見切れる。まさに実写的な表現をアニメが会得したんですね。一方、実写がCGなどを使ってアニメ的な表現をやる。アニメが実写映画的なものを目指し、実写がアニメ的な表現を作り続ける。今後、実写、アニメにかかわらず、CGはもちろん、AR、VR、MRで作品を作っていくようになれば、なおさら新たなテクニックが必要になっていきますね。

私は勉強し続けていない監督は監督ではないと思っています。すごいものを撮る奴は必ず、勉強し続けてます。

⑯ 超星艦隊セイザーX：東宝製作の2005年10月～06年6月にテレビ東京系列で放送された特撮テレビ番組の全38話。

⑰ 川北紘一（1942～2014）：1962年に東宝に入社し、72年『ウルトラマンA』で監督デビュー。70～90年代の東宝特撮を支え、「東宝最後の特技監督」とも称される。

⑱ 板野一郎（1959～）：グラフィニカ所属の日本のアニメーター。『伝説巨神イデオン』（1980）の全方位ミサイル発射シーンにおける独自のアクション演出が「板野サーカス」と呼ばれる映像表現となった。板野一郎自身が認める板野サーカスの使い手は庵野秀明、後藤雅巳、村木靖の3人のみと言われている。

4 インドネシア初の国産ヒーロー映画

紆余曲折、インドネシアでの特撮が国民的大ヒットに

中山　この5～6年は海外に焦点を絞られていましたね。日本の映画監督って、ほとんどの方はドメスティックですが。

舞原　まあ、人によって考え方が違うと思います。私の場合、海外はアジア中心に活動していますが、最初はハリウッドだったんですよ。アメリカのスタジオにツテがある人と出会って、この機会にアメリカで映画を撮ろう！と。調子に乗って以前からやりたかった「恋愛映画」を提案したんですが、現地で実績のない日本人監督が撮った恋愛モノなんてウケるわけがない。「あなたの武器は何ですか？」と言われ、特撮モノならいけるかもと思いました。

当時、すでにアメリカでは日本の戦隊ヒーローモノを再構成した『パワーレンジャー』[19]がありましたが、私から見ると日本の良さもアメリカの良さも十分に発揮されていない感じを受けました。現地で一から作ったら日本の戦隊ものでもない、『アベンジャーズ』でもない、

新しいものが作れるのではと、企画を始めました。
中山　『パワーレンジャー』は1990年代に米国中を席捲した大ヒットシリーズでしたね。バンダイはその当時ロサンゼルスに「パワーレンジャー御殿」といわれる自社ビルを建てました（すでに売却）。2010年代当時、確かに米国で特撮で勝負したら絶対面白いと思うのですが……。
舞原　ただそれが、途中でプロデューサーの降板もあって頓挫してしまって。せっかく英語で企画書も作ったわけだし、そのままアクション好きのインドにもっていこうとなりました。早速コーディネーターと一緒にインドの財閥に営業に行ったんですよ。そしたら……お偉いさんがずっと仏頂面で全然のってこなくて、最後に口を開いたと思ったら「俺は乗れない、なぜなら、こいつの前世が気に入らないからだっ!!」って。インドだと普通なんですかね？
中山　前世!?　それ、どうしようもないですね。
舞原　生まれた瞬間に詰んでましたね。私はインドで現世中は撮影できないという運命だった（笑）。

⑲　パワーレンジャー：「スーパー戦隊」のアメリカ版。ハイム・サバンが1985年に国際放映権を買い取り米国展開を模索し、10年近くかけて1993年『マイティ・モーフィン・パワーレンジャー　シーズン1』で実現した。FOXで放送され、社会現象ともいえるヒットとなり、93年の2～11歳の視聴率は70％と米国子供番組史上の最高視聴率を記録。94年にはバンダイアメリカの変形ヒーロー人形が1600万個も売れ、関連売上は米国で10億ドル、全世界で16億ドルを記録したとされる。ニールセン調査の「90年代に最も人気があった子供番組」でも並みいる米国キャラクターを押しのけて、堂々1位に輝いている。

それでインドからガックリと落ち込んで帰ってきたら突然「インドネシアで特撮ヒーローモノを撮りませんか?」と全く別の方から声がかかり、あれよあれよという間に流転していって。実はインドネシア最大手のテレビ局集団MNCの会長の息子さんが、戦隊・ライダー大好きだったのです。1980年代に『仮面ライダーBLACK』が放映されていて、それを見て育ったそうです。まさに先人に感謝ですよね。

中山　座組としてはどのように進んだのですか?

舞原　石森プロや伊藤忠商事、バンダイなどがタッグを組んで、かなり鉄壁の布陣で、特撮作品が決まりました。日本の戦隊の輸出は商標の問題もあったので、インドネシアのオリジナルヒーローを作ってしまおうと、『BIMA』[20]を作ります。インドネシアの歴史の中でも、これが最初のオリジナルIP(知的財産)なはずです。

中山　インドネシアってキャラクターないですもんね。番組も海外から買ってばかりですし。

舞原　インドネシアでは「コンテンツは買うものだ」というのがあるんですよ。ディズニーを代表とする北米・欧州の映像メーカーが安い金額でどんどん作品を入れている。それで映画館で上映される作品もから次へと変わるんですよ。『スター・ウォーズ』シリーズでも1週間で上映が終わっちゃったりする。そのくらい大量に北米の映像コンテンツが入ってくる。これもハリウッド系の新興市場開拓の一手なんでしょうね。

中山　映画監督として海外で撮るというのは、どのくらいチャレンジングだったのでしょうか?

舞原　難しいです。日本でのノウハウが通用しないことも多くて。ただ、発見だったのは「悲しみと怒りの表現は欧米でもアジアでも万国共通。でも笑いだけは違う」なんですよ。インドネシアでは、昭和の笑いを濃くしたようなものがウケます。ヒロインの女優が、主役の男優と結ばれる段になって、唇をぐぐーっととんがらせてタコチューをしようとする。それを思わず男優が避ける。日本だと「いい場面になんじゃこりゃ」となる。もちろん私もそんな演出はしません。でもそういったところは自分自身があまり納得できていなくても、現地が良しとするものは郷に入れば郷に従えで、柔軟に撮っていく必要がありました。
中山　2016年当時、私もシンガポールのバンダイナムコスタジオにいて、『BIMA』はアプリゲームでもずいぶん盛り上がっていたのを覚えています。
舞原　人気はすごくありました。視聴率も30％だから、オンエアだけなら私の作品で過去最も見られた『仮面ライダー電王』よりもはるかに多くの人に見られている。映画としても国内400館で上映されて盛況だったんです。
　でも人気と商売は違うんですよね。商品化が成功しないとコンスタントには継続制作できない。1960～70年代の日本のように可処分所得の問題もあって、映像をずっと制作し続

⑳　BIMA：MNCが石森プロと共同制作・放映したインドネシア初の特撮テレビドラマ（2013年）。伊藤忠商事とバンダイも巻き込んで日本のようなメディアミックスモデルを展開した一大プロジェクト。プロデューサーを務めたレイノ・バラク（1984～）は、MNCが1998年に民営化されたタイミングで同社トップとなったロサノ・バラクと日本人の妻との間の子供で、『キカイダー』『仮面ライダー』『ウルトラマン』などの特撮シリーズに大きく影響を受けてきた。妻は国民的歌手のSyahrini。

けられるほどには玩具の消費額が伸びない。それで少し時間間隔を置きながら、ちょっとずつ制作するという形になりましたが、なかなか一筋縄ではいきませんでした。

中山　その後、特撮の中国展開も手掛けられましたが、実現しなかった。本当に残念です。

舞原　いいところまでいったんですけどね。中国のテレビ局がバックについて。残念ながらコロナのため途中でプロジェクト中止になってしまって。

ハリウッド式で台頭する中韓

中山　映画監督の収入は1本100万という話がありましたが、韓国の作品では13・5億円の制作費をかけた『パラサイト』がアカデミー賞を受賞し、制作費24億円の『イカゲーム』がネットフリックスで視聴トップ作品となりました。韓国映画は制作費の相場も違うのでしょうか?

舞原　違いますね。中国も韓国も映画作りはハリウッド型に寄ってきています。脚本にもきっちりお金をかける。

映画ではこういう言葉があるんです。「1すじ（脚本）、2ぬけ（ロケ場所）、3どうさ（演技）」。そのくらい脚本は映画のクオリティーで最も重要なところです。日本では1人の脚本家、多くても2~3人程度で書きますが、中韓ではダイアローグ専門でセリフだけ書く脚本家とか、時間もかけて分業体制で作るようになってきました。
中山　私も海外の脚本を見たときに、日本と全然違うのに驚きました。
舞原　日本の脚本は省略の美（笑）と言うか、基本、ト書きとセリフしかない。「行間を読め」と言われます。だから監督の裁量が大きくて、その行間を読んで自分なりに解釈して作っていく。
　米国式は違いますね。感情の機微まで全部脚本に書いてある。「男は悲しくて天井を見上げながらたばこの煙を吐く。煙は男の心をなぞるようにうねりながら消えていった」なんて、心理描写まで事細かに指定してある。様々な人種や考え方の人が読んでもわかるようにしているんだと思います。脚本に対する考え方が違いますね。
中山　ゲーム制作も全く同じです。仕様書がめっちゃ細かい北米に対して、日本は「ざっくり書いたから、あとはいい感じに仕上げてくれ！」みたいな、まさに行間を読む仕様書ですね。
舞原　アメリカの監督にはたいてい編集権がありません。同じシーンで大量のカットを撮っておいて、それを編集の専門家がつなげて、ベストなストーリーにしていく。役者も慣れたもので、同じシーンを別アングルから撮影するために何度も芝居する。
　だから、あとからローカライズなどといったときに、すごく応用の幅がある。分業で作られる米国映画は、どの国にも合うように映画を再構築できる。
　日本だと、時間がないこともありますが、監督の頭の中で行間を読みまくったうえでのワンストーリーで編集がつなぎこまれているので、あとからの改変・追加などが難しいんですよね。

現在、中国は自国だけで映画業界がペイできます。これがハリウッドのように外にバンバン出ていくようになると、世界での日本映画市場はますます厳しくなりますね。

中山　舞原さんはとにかく多くのテレビ局、映画会社、果ては海外とも仕事されています。映画監督としてこれだけ縦横無尽に動くのは珍しいのではないでしょうか？

舞原　そうですね、知っている会社と知っているプロデューサーとやり続けるほうが、本当は効率的です。でも私の場合、何か焦燥感というか危機感があるんです。もう40年以上この仕事をやっていますが、常にこの業界は不安定で明日も見えなかった。なるべく多くのネットワークの中で生きていかないと、いつかすぐにダメになるんじゃないかというのがあった。飽きっぽいというのもあるんですけどね。

それで、東映、東宝、日活、松竹と、ほとんどの映画会社にいってますし、テレビ局もフジテレビから地方局までいろんな場所に行きました。そして今はもう国内にずっといたら行き詰まるしかない、という思いがあって、中国行きを画策している次第です。

日本映画をどう救うか

中山　日本のテレビ局や映画会社は1990～2000年代のお金があったうちに、積極的に海外に出ていけなかったことに課題があるような気もしています。そのくびきが今も日本の「未来への期待感のなさ」につながっている。

舞原　まさにそう思います。国内が洋画に圧倒されて邦画自体が厳しかった時代があり、現在では邦画が盛り返していますが、どうしても「守り」に入ってしまって、なるべく安全なほう、安全なほうに行ったのがこの時代でした。

学校を出て映画産業にもぐりこんで運よく監督になったとしても、貧すれば鈍するような制作のなか、少しでも安定した収入を得るために映画学校の教職を得て生活を維持する。その生徒たちにとっても、そもそも教師をしている映画監督が金持ちでもなく、華やかに活動もしていないのでは、夢を持てないですよね。そういう未来のなさが、いま直面している問題です。

中山　どうしたら良いと思いますか？

舞原　まず人材作りですね。すなわちお金です。身もふたもない言い方ですが、金のないところに人は集まりません。韓国が映画産業で成功しているのは、国として映画を輸出産業として位置づけ、計画的な人材育成と、映画業界に対する総合的なバックアップをしているからです。日本も今すぐこれを見習わなければ手遅れになってしまいます。今やらなければ日本の映画産業は先細りしていくでしょう。

そして、海外への進出。日本はコンテンツの宝庫です。これを放っておくのはもったいない。日本の文化や技術をもって、「原作」でも「監督」でも、ピンとしてお金が集まるアジア圏で世界を狙える映画作りができるかどうか、そういうところから始めるのも良いと思います。

中山　人材とお金、そして海外展開。これは他のコンテンツ業界も全く同じですね。北米やアジアから日本の映画は求められているのでしょうか？

舞原　少なくともゴジラやウルトラマンを撮りたいというハリウッドの一線級の人材はまだまだいます。特撮をもっていこうとすると、もろ手をあげて歓迎してくれる各国の最大手のテレビ局がいる。意外な意思決定者が、いまも日本コンテンツの大ファンだったりする。

そうした「余波」が残っているうちに、ピンとしても企業としても海外に出ていく歩みを止めてはいけない、と思います。欧米で大人気だった『ＵＦＯロボ　グレンダイザー』[21]とか、そうした過去の遺産には賞味期限があります。早く海外で再びコンテンツを共同制作していかないと、あまりにもったいないです。

中山　舞原さん個人としての目標は？

舞原　「特撮ヒーロー番組」をノウハウごと輸出し、継続可能な産業にする。インドネシアでできたことを、中国、タイ、ベトナム…と広げて、アジア版アベンジャーズなんて面白いですね。と言いつつ、現在はコロナ禍でなかなか海外に出られないので、海外進出の準備と並行して新しいジャンルにも挑戦していきたいと思っています。

ＡＲ、ＶＲ、ＸＲ、メタバースの中で映画やドラマはどう変化するのか、というところにも興味があります。今のところ、残念ながらこれらと映画はあまり相性が良くありません。しかしブレイクスルーするために日々勉強しています。映画監督と先端技術のコラボに興味のある方はご一緒にいかがですか？（笑）

㉑『UFOロボ グレンダイザー』：1975～77年に東映動画制作でフジテレビ系列で日曜夜に放送された全74話のロボットアニメ。『マジンガーZ』『グレートマジンガー』と世界観を共有したマジンガーシリーズの第3作。1978年に『Goldorak』という名前でフランスの公共放送Antenne2で放送され、平均視聴率75％、最高視聴率100％を記録した。主題歌『Goldorak le grand（ゴルドラック・偉大なる者）』は再販含めて380万枚の異例のヒットとなり、同時期にイタリアや中東、北米へも広がっていった。

舞原さんに学ぶポイント

「必死で作る」

全身全霊で命がけで作る、という経験を経れば、「あれだけやれたんだから、何でもできる」という覚悟が付く

「好きになる力・勉強し続ける力」

特撮やアニメをバカにせず、何がすごいのかをつかみ取った。すごいものを撮る奴は、必ず勉強をしている

「やれるやれないではなく、求められる場所にいく」

50歳を超えてもアメリカ、インド、インドネシア、中国に挑戦。日本はコンテンツの宝庫。最も求められている場所に骨をうずめる覚悟で挑戦する。

「根底にある焦燥感・危機感」

不安定すぎる映画業界にあって、動いた量とネットワークだけが自分を助ける。とにかく足を止めない

サザンを支え、世界に挑み、ＢＴＳを日本に展開

先見の音楽P
齋藤英介
（音楽プロデューサー）

さいとう・えいすけ

1950年生まれ。慶応義塾大学を卒業し、ビクター音楽産業（現ビクターエンタテインメント）入社。洋楽・邦楽の宣伝でKISSやサザンオールスターズ 、浜田麻里 、髙橋真梨子を担当し、E·Z·Oの北米ツアー、親会社の松下電器産業（現パナソニック）によるMCA買収プロジェクトにも参画。1990年にアミューズ取締役国際部長に転じ、アミューズ香港を設立。金城武やケリー・チャンら香港タレントの発掘、映画製作、日本でのデビューなどを手掛ける。2002年にイーライセンス（現ネクストーン）取締役、2005年に独立・起業しながら、アジア・コンテンツ・センター（ACC）などで韓国人アーティストを日本に展開。防弾少年団（BTS）の最初の日本展開を支援する。現在はbilibiliのアドバイザーを務めるとともに、中国映画会社の副総経理として映画の原作・脚本を推進している。

（写真：稲垣純也）

1 ビクターでの洋楽・邦楽・北米展開

ラジオ・雑誌・テレビをコントロールした洋楽宣伝マン

中山　自己紹介をお願いします。

齋藤　齋藤英介と申します。ビクターやアミューズで海外事業を担当しておりまして、特にアジア向けにアーティストや映画などのプロデュースをしてきました。その後は音楽権利団体のイーライセンスなどを経て、ここ10年はＢＴＳなど韓国アーティストの日本市場展開や中国での映画製作などを行っております。

中山　日本の音楽業界は長らく国内市場がメインの中で、ここまで海外展開を長く経験された方は非常に珍しいです。最初から海外系だったのですか？

齋藤　はい、大学卒業後の１９７３年にビクター音楽産業に入社して、洋楽本部の宣伝課からキャリアをスタートしています。当時はレーベルのモータウン（Motown）[1]、キッス（KISS）[2]、ドナ・サマー（Donna Summer）[3]などを担当しておりました。１９７７年からは邦楽本部の宣伝に移って、サザンオールスターズ、浜田麻里、❹高橋真梨子❺などのヒットを生み出してきました。1990年にアミューズに転職してからは海外アーティスト、特にアジア系アーティストですね。

中山　フェイスブックで拝見しましたが、齋藤さんはこの当時、ご自身も雑誌などで特集されて、まるでアイドルのように登場していました。

齋藤　お恥ずかしい写真をお見せしました（笑）。宣伝マンは本来裏方になるべきポジションなのですが、音楽評論家の方があまり表に出たがらなかったこともあり、ラジオや雑誌のディレクターと仲良かった私は、「齋藤、自分で出て宣伝しろ」と言われて、自身がメディア露出をしておりました。「11（イレブン）ＰＭ」「独占！おとなの時間」「23時ショー」な

---

❶　Motown：アメリカ・デトロイトで1959年に誕生したレコードレーベル。自動車都市デトロイトならではのモーターとタウンを掛け合わせた呼称で、黒人差別が強かった時代からゴスペル、ブルースなどのブラックミュージックを発信し、マーヴィン・ゲイをはじめ、フォー・トップス、スティーヴィー・ワンダー、マイケル・ジャクソンのジャクソン・ファイブなど大物黒人ミュージシャンを輩出。1988年にMCAおよびボストン・ベンチャーズに買収された。

❷　KISS：1973年に結成されたアメリカのハードロック・バンド。アルバム・シングルの総売上は全世界で1億枚を超える。

❸　Donna Summer：1970年代のディスコブームにのって「ディスコの女王」と呼ばれた。

❹　浜田麻里：1983年にラウドネスの樋口宗孝プロデュースによるアルバム『Lunatic Doll～暗殺警告』でビクターからメジャーデビュー、1989年「Return to Myself ～しない、しない、ナツ。」でオリコンチャート1位の大ヒットとなる。

❺　髙橋真梨子：渡辺プロに所属し、1966年に「スクールメイツ」で芸能界デビュー、1972年に「ペドロ&カプリシャス」にボーカルで参加しつつ、1978年にソロ歌手としてビクターからデビュー。

どのテレビ番組でもビクター宣伝担当として話をしていました。

中山　当時、洋楽というのはどうやって営業していくんですか？

齋藤　やはり音楽の中心は邦楽で、演歌とアイドルに分かれており、そして宣伝担当もどちらかというとシニアな先輩が多かった。ただアメリカ音楽の流行も皆が気にしていて、若手だった私としては最初に前任者が多くない洋楽からのスタートは有利だったのです。ラジオ局の担当から始まりますが、ラジオ局の社員って多忙なんですよ。選曲している暇もないくらい。でもネタはいつも必要としているんです。

そうした中で名もないアーティストと楽曲を覚えてもらうには、「つかみ」が大事でした。新しいアーティストや楽曲をトレンドを交えながら30秒でわかりやすく伝えるんです。今でいう「エレベーターピッチ」というやつですね。

中山　メディア側からみると、レーベルって「自社アーティスト・楽曲の押し売り」ですもんね。

齋藤　そうなんです。だから文化放送からニッポン放送まで1局あたり20～30人のディレクターや関係者と話していく時に、1人1人に「最近の洋楽トレンド」「(当時流行が始まっていた)ディスコ情報」と一緒に、「昨日の担当番組での内容・曲の分析」を伝えていくんです。「あの番組のコンセプトにあの曲はおかしい」「こういうのが最近はあって(と担当作品を推す)」……という具合に。そうすると「こいつ、結構わかってるやつだな」ということで、どんどん自分の担当作品が使われていくんです。

中山　なるほど。そこらへんは営業としての「つかみ」と同じですね。その動きを他のメディアにも派生させていくのですか?

齋藤　ラジオはこうした「足」でしたが、雑誌は圧倒的に「企画力」の勝負でした。雑誌は今とは比べ物にならないくらい影響力をもっていて、かつ多様でした。雑誌ごとの特徴を押さえて音楽特集の企画を提案していくんですが、これは結構私の得意領域でした。ラジオ・テレビと違って「形がある」雑誌を押さえると、BtoBが圧倒的にやりやすくなるです。雑誌で掲載されたものは、その後ラジオ・テレビでもかかりやすくなるんです。

CMタイアップで売った髙橋真梨子

中山　そこらへんはかなり地道に泥臭くやられているんですね。

齋藤　洋楽を売っていくコツは「オシャレでカッコいい」だったので、なるべくそういう面は隠していましたけどね（笑）。わりと得意分野が分かれるので、ラジオ・雑誌・テレビを網羅して攻めていた担当はほとんどいなかったと思います。

そうこうしているうちに、私自身がテレビに出ていたりする露出のインパクトが大きくて、かつサザンや髙橋真梨子などヒットアーティストも扱っていたことで、1980年代に入ってからはとても仕事がしやすくなりましたね。

中山　アーティストの売り出しのときにはどんな役割をされるんですか？

齋藤　そうですね、たとえば髙橋真梨子のときは、彼女が30歳になってからのソロデビューだったんですよ。それでラジオとかテレビだとなかなか呼ばれない。キャラがすごく立つわけでもない。ただ「声」と「歌」が抜群に良かった。

そこでCMタイアップをバンバンとっていきました。グリコとか、いすゞ自動車とか。すると自然と歌から有名になって、雑誌に取り上げられるようになっていきます。『平凡パンチ』[6]でも特集されたんですよ、考えられないことに。

中山　彼女がスターになるのは1982年の「第11回東京音楽祭」の金賞受賞あたりでしょうか。

齋藤　東京音楽祭をとりたかったのでTBSに乗り込んでプッシュしたんです。でも局のプロデューサーからは「彼女じゃ無理だよ、知名度もないし」と一蹴された。それで悔しくて賞のために作ったのが「For You…」で、コーラス陣もハイ・ファイ・セット[7]をあわせてリッチにして、結果的には金賞を受賞しました。

中山　メディアに営業しつつ、コラボや売り方を変えて、成功をつかみ取るんですね。結構宣伝の手によって変わるものなんですね。

齋藤　このとき頑張ったおかげで、ある方が動いてくれて、宝石のカメリア・ダイアモンドのCM話が出てきてました。それで作ったのが「桃色吐息」です。これがソロデビュー7年目にしてようやくの彼女の最大ヒット作になりました。

こうなってくると過去のＣＤやアルバムが売れてきて、宣伝としては何もしなくても転がるように売れてくるようになります。７年かかりましたけど、そうやって「自然に売れるようになる」ところまでもっていくんです。

日本ロックを北米に。野次と暴力を越えて全米バスツアー

中山　髙橋真梨子に浜田麻里、そしてサザンオールスターズ。当時業界最大手だったとはいえ、キャリア初期からすごいアーティストを担当されてたんですね。

齋藤　そうですね、実は辞める直前にもすごい案件に関わることができました。ビクターの親会社の松下電器産業（現パナソニック）がＭＣＡを買収[8]するプロジェクトに参画していたんです。その後ＭＣＡビクターの社長になる岩田廣之氏[9]と一緒に。

---

❻ 平凡パンチ：マガジンハウス（平凡出版）で1964～88年に刊行されていたファッション、情報、グラビアなどを扱う男性向け週刊誌。『週刊プレイボーイ』と人気を二分し、1966年には100万部を突破する人気雑誌であった。

❼ ハイ・ファイ・セット：1974年結成の日本のコーラスグループ、荒井由実の『卒業写真』でレコードデビュー。

❽ MCA買収：現ユニバーサルピクチャーズも含めたMCAレコードのグループを1990年に松下電器産業が61億ドルで買収。1995年にシーグラムに売却。当時はソニーと松下が次々と米国の映画・音楽業界大手を買収し、日本企業による海外企業買収史に残る事例を連発していた。

❾ 岩田廣之：1964年に日本ビクター入社、1991年にMCAビクターの代表取締役社長、2000年ユニバーサルミュージック取締役会長。

米国ビルボードでランキング入りした日本人アーティスト

年	アルバム名	アーティスト名	順位
1963年	Sukiyaki and Other Japanese Hit	坂本九	14
1970年	Yoko Ono/Plastic Ono Band	オノ・ヨーコ	182
1976年	Go	ツトム・ヤマシタ	60
1980年	Yellow Magic Orchestra	YMO	81
1980年	×∞Multiplies	YMO	177
1981年	Season of Glass	オノ・ヨーコ	49
1985年	Thunder in the East	ラウドネス	74
1986年	Lightning Strikes	ラウドネス	64
1990年	Kojiki	喜多郎	159
1996年	Peace on Earth	喜多郎	185
2004年	Exodus	Utada（宇多田ヒカル）	160
2008年	Uroboros	Dir En Grey	114
2009年	This Is the One	UTADA（宇多田ヒカル）	69
2011年	Dum Spiro Spero	Dir En Grey	135
2014年	BABYMETAL	BABYMETAL	187
2016年	METAL RESISTANCE	BABYMETAL	39
2019年	METAL GALAXY	BABYMETAL	13

出典）USA Billboard 200

中山　なんと！　日本企業が最もハリウッドに近づいた時代ですよね。なぜそんな大きな案件を担当できたのですか？

齋藤　すでに北米市場向けの展開を経験していたからだと思います。E・Z・O[10]という日本のヘヴィメタルバンドを北米展開する事業を担当していたんですよ。ビクターとアミューズで合弁会社を１９８２年にニューヨークに設立して。

中山　アミューズは当時から喜多郎[11]のプロモーションを手掛けており、最初から海外展開に野心的な事務所だったんですよね。北米で勝負しようとするアーティストが継続的にいた。１９８０年代でいうとラウドネス[12]でしょうか。北米から輸入した

「ロック」を日本独自の派生をさせたラウドネスが「逆輸入」のような感じで本家のアメリカ市場に挑んだ。反応はどうだったのでしょうか?

齋藤　ラウドネスは特筆すべき成功例ですが、一般的にはとても難しかったですね。ツアーで全米をまわるんですが、そもそもロックバンドってフィジカルな身長も含めた「迫力」で売るジャンルでもあるので、体格的な問題などもあって、北米ツアーでは苦労しました。

ブーイングだけでなく、ビール瓶がとんでくることも日常茶飯事でしたね。音楽なので英語がしゃべれなくてもそれなりのパフォーマンスはこなすし、一定の評価も得られるのですが、そこに至るまでにすごく時間がかかる。認知度を上げるために米国全土をバスツアーでまわりながら観客の野次や暴力を気にせずにやっていく、という当時の仕事は身体的にも精神的にもこたえましたね。

❿　E・Z・O：1982年に結成されたヘヴィメタルバンドFLATBACKERの別称。ビクターからデビューし、1986年に渡米して世界規模で活動するためにアミューズに移籍。そのタイミングでE・Z・O（イーズィーオー）に改名。1990年解散。

⓫　喜多郎：ヒーリングミュージック第一人者の宮下富実夫も在籍していた1973年結成の『ファー・イースト・ファミリー・バンド』に所属し、1978年から喜多郎としてソロ活動。1980年『NHK特集シルクロード』の音楽を担当し、1984年アミューズアメリカと契約。アジアツアーも敢行し、台湾と中国の双方で演奏した最初の日本人ミュージシャンとなり、同年外務省の国際親善音楽大使に任命される。1985年以降はゲフィンレコードから欧米市場に向けた展開が中心になる。

⓬　ラウドネス：1981年に結成されたヘヴィメタルバンド、80年代半ばに海外進出し、ビルボードのトップ100にアルバムがランクイン、前座ではあったが日本人アーティストとして初めてマディソン・スクウェア・ガーデンのステージにも立った北米展開のパイオニア。

中山　それはプロレスなんかも同じですね。米国は「巡礼」みたいな文化があって、エルビス・プレスリーもそうでしたけど、中小規模のステージを転々と半年くらいかけてずっと渡り歩くんですよね。それだけ鍛えられていたのもあって、ＭＣＡ買収時に北米市場の知見者として齋藤さんが呼ばれるんですね。齋藤さんは、もともと英語はできたのですか？

齋藤　いや、実は英語が話せたわけでもないんですよ。仕事しながらなんとか覚えていった感じです。私が１９７０～80年代にいろいろな経験をすることができたのは「人がやらないことをやるのが好き」という1点が大きかったように思います。だから、ラウドネスのように社内に誰も知見がないようなものは「齋藤に」と任されることが多かった。それ以降、私はずっと「海外×エンタメ」キャリアなのですがこの時代にその方向性がすべて決まったといえますね。

中山　足でラジオ枠を勝ち取ったり、企画力で雑誌に売り込んだり、初期から齋藤さんは飛び抜けていたんでしょうか？

齋藤　洋楽から入ったことや音楽産業自体が急成長していたといったポジションが良かったこともありますけど、上司には「アーティストそのものを売ること以上に、社会情勢とうまく結びつけて売るのが得意」と言われましたね。

中山　それは今も続いている齋藤さんの特徴ですよね。地政学的な中韓と日本の立ち位置や、他のエンタメも含めた総合的な知識でトレンドをつかもうとされてますよね。

齋藤　齋藤自身がテレビに出たり、サザンなどのトップアーティストを宣伝していたことで、

1980年代にいろんなジャンルの方とお話できたんです。そうした交流によって、社会情勢やコンテクストのなかでアーティストのポジションを位置づけていくようなやり方が身に付いたのかもしれませんね。

2 アミューズでのアジア展開

日本の楽曲を現地アーティストに歌ってもらう

中山　ビクターで多くの成果を上げますが、17年目でアミューズに転職されるのですね？

齋藤　ビクター時代に一緒に仕事をしていたこともあり、アミューズの大里さん[13]から「齋藤、

⑬ 大里洋吉（1946〜）：アミューズ創業者、代表取締役会長。1969年に業界最大手の渡辺プロダクション（ナベプロ）に入社し、1977年にアミューズを創業。サザンオールスターズをはじめ、新興のバンドを次々と抜擢し、後のJ-POP全盛時代の礎を築いた。

ビクターエンタテインメント（旧ビクター音楽産業）の業績

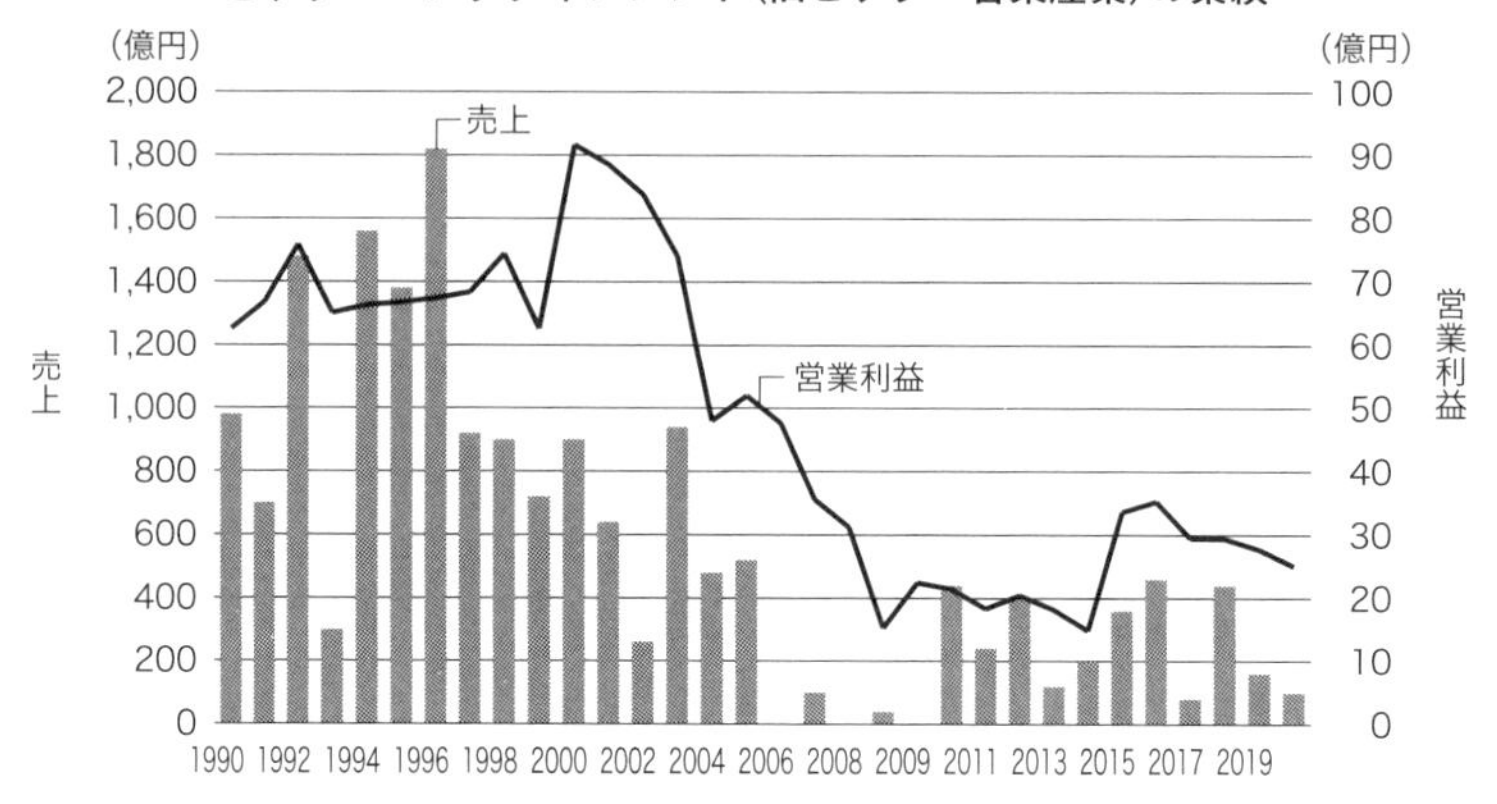

出典）IR 資料

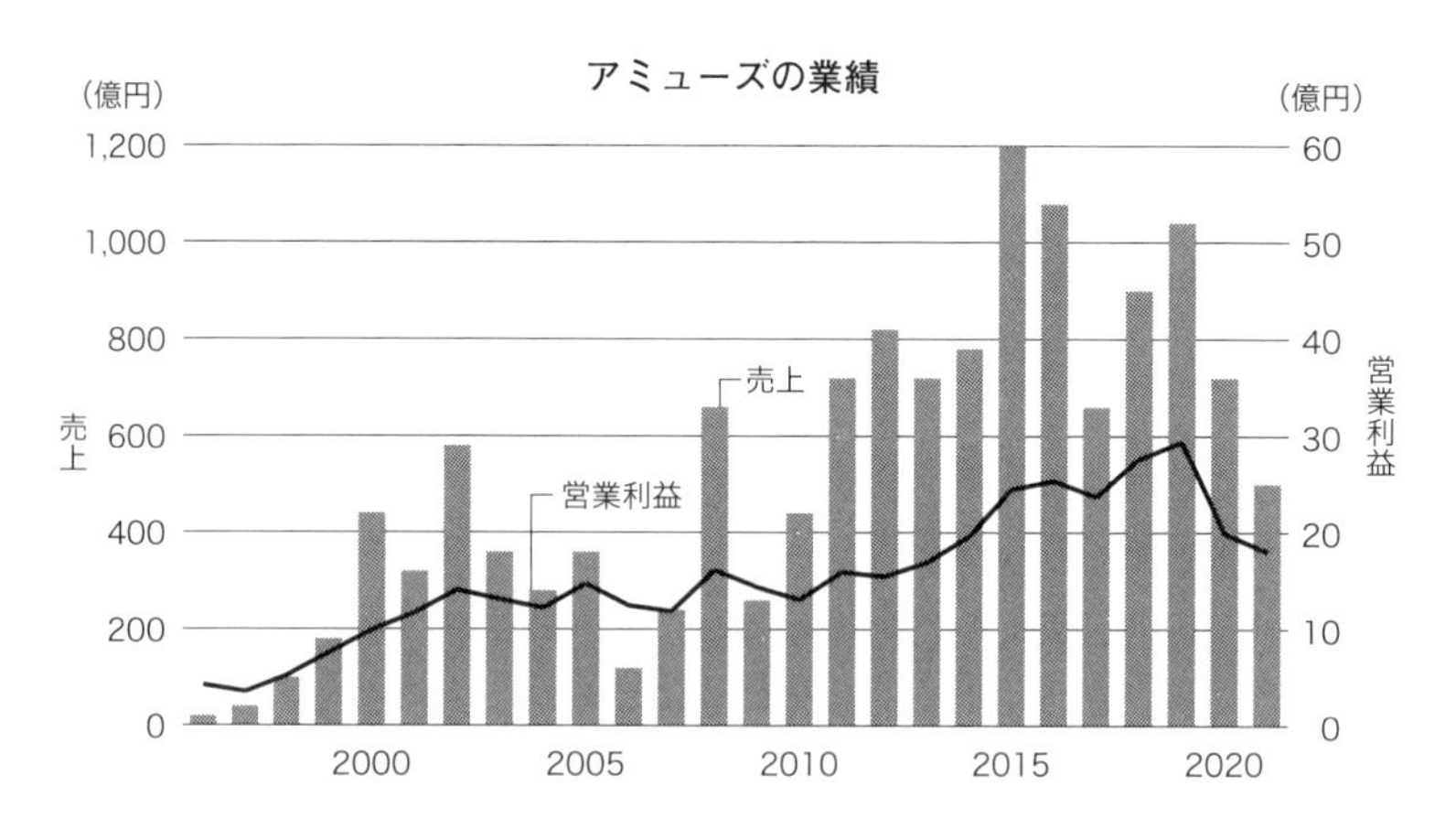

出典）IR 資料

海外やろうよ」と誘われたのがきっかけで1990年にアミューズに転職します。
中山　当時としては、とんでもない転職ですよね。年商1000億円、従業員も1400人いるビクター音楽産業から、ベンチャーで年商数十億、従業員も70人しかいなかったアミューズに移るわけですから。反対も多かったんじゃないでしょうか？
齋藤　大反対の嵐でしたね。家族も反対しますし、そもそもビクターの上司たちにも猛反対されました。転職が一般的でなかった当時、親会社の日本ビクター社長にまであがって騒動になった。

でも当時、松下電器の副社長だった平田雅彦さん[14]から「お前、アミューズ行け。齋藤1人が移籍してビクター自体がグチャグチャになるようならそれだけの会社だ。むしろアミューズがうまくいったらそれがビクターと関係性を良くする材料になる」と言っていただいて、最後はきれいに送り出していただきました。

そして1991年にアミューズ香港を設立します。最初の海外拠点です。
中山　1980年代の経験がそのままアミューズにスライドして、同社の海外展開を任されるのですね。日本のアーティストを連れていくんですか？
齋藤　いえ、日本の楽曲はもっていきますが、自分の頭の中では現地化のビジネス展開を考えていました。現地のアーティストを発掘し、日本の楽曲を歌ってもらうようにしました。

---

[14] 平田雅彦（1931〜）：1954年に松下電器産業（現パナソニック）入社、1967年から17年間にわたり子会社のビクターに出向。1988年に松下電器産業の代表取締役副社長。

そもそもアジアの音楽市場向けですと、日本人アーティストを連れて歩けるほどの市場サイズもありませんでしたから。

最初に現地のレコード会社を足でまわって、「真夏の果実」を提案したんです。ポリグラムにいたジャッキー・チュン（張学友）[15]に歌わせてくれという話になって「愛你多一些精選」と名称替えしてヒットしました。まあそれでも、当時の香港は3万枚でヒットといえる市場だったので、日本から見ればたいした数字ではなかったのですが。全アジアで大ヒットし、中国、マレーシア、タイ、シンガポール、台湾などでも多くの成果をえられました。

中山　アジアの音楽市場は、1990年代当時は東アジアと東南アジアを全部合わせても日本市場の半分にも満たなかった。小さかったですよね。

齋藤　そうですね、日本で100万枚売れたとしても、台湾20万枚、マレーシアや広東語圏で10万枚、香港で3万枚、みたいな感じで付け足していって、海外全体で40万枚売れれば御の字といった感じですね。

サザンの中国コンサートでの大ピンチ

中山　日本で10億円の大ヒット作でも、海外は全部合わせて2億～3億円みたいな感じですよね。やはり当時海外にもっていくということに各社がそこまで本気になれない理由もわからないではないです。
齋藤　当時、もう1つ大きかった仕事が、サザンオールスターズの中国コンサートでした。1992年の日中友好20周年記念で実施しました。これが本当に大変でした。
中山　そこから30年たった現在でも、中国で音楽ライブを開催するのは大変ですが、そんな昔から中国ライブを展開されていたんですね。
齋藤　現地ライブ開催はいまだイノベーションが起こっていない領域ですね。サザンの場合はコンサート許可を中国文化部に申請し、結局ビザをとるまで半年かかりました。中国で日本の音楽を広めたいという思いは好意的にみてもらえましたが。
　トラブルだったのは、こうした下準備のみならず、大きなコストがかかるコンサート事業の大部分を補填してくれる予定だった協賛スポンサーが途中でいなくなってしまったんです。
中山　なんと！　海外コンサートは億円単位のコストがかかる世界ですし、その協賛となると数千万円単位の話ですよね。
齋藤　あわてて知り合いを総動員して、新たに協賛候補の会社を探し、なんとかルートをたどって、当時中国展開に熱心だったパイオニアの伊藤周男専務[16]のところに伺いました。大里

⑮　ジャッキー・チュン（1961〜）：1984年に香港の素人歌唱選手権大会で優勝し、ポリグラム所属歌手としてデビュー。デビューアルバム『Smile』が約30万枚のヒットを記録し、アンディ・ラウ（劉徳華）、アーロン・クオック（郭富城）、レオン・ライ（黎明）とともに四大天王と呼ばれ、「歌神」という称号をもつ。
⑯　伊藤周男（1936〜）：パイオニア創業者の松本望と姻戚関係（松本の妻の姪の夫）にあり、1996年から2006年までパイオニアの4代目社長。

会長と山本社長、私で3人並んで平身低頭でお願いをしたら、その場で多額の協賛金を出してもらえることになりました。間一髪なんとか乗り切ったという感じで、それがなければコンサート自体が飛んでいた可能性もあります。面談を終わった時には全身から汗が止まりませんでした。

中山　まさに「修羅場」でしたね。

齋藤　なんとか乗り切りましたね。サザンの北京・首都体育館のコンサートは大成功を収めることができ、中国全土にCCTV[17]経由で放送され、それ以外のアジア各国にもスターテレビを通じて流れました。

金城武など香港スターを日本映画で展開

中山　齋藤さんは、音楽だけでなく映画などもアジアで手掛けられましたよね。アミューズがアジアの映画ビジネスに入っていくきっかけは何だったのですか。

齋藤　香港は映画産業が盛んで、幸運なことにゴールデンハーベスト[18]（嘉禾電影有限公司）とアミューズ香港で制作会社ゴールデンアミューズを設立し、何本か映画製作を行っていきます。代表的なものは金城武[19]、ケリー・チャン[20]らを起用した映画『アンナ・マデリーナ』ですね。1998年に香港と日本で上映されました。

アミューズ香港では最初5本の映画を製作する計画だったんですが、やっぱりそこもいろいろありまして、リリースしたのは3本ですかね。ウォン・カーウァイ[21]がプロデュースした1997年『初恋』と、1998年『玻璃の城』（香港で映画賞獲得）の2作も、香港と日本の合作映画として展開しました。

中山　音楽事業とのシナジーがあったのでしょうか？

齋藤　結局、音楽そのものより、いかに「アーティストを作るか」ということなんですよね。音楽も映画も派生商品で、いかに人気あるアーティストを作って、それに紐づくグッズとしてこれらを販売するのか、という延長線上にこうした取り組みがありました。

中山　カレン・モク[22]、金城武はアミューズにも所属して、日本でも活動しましたね。金城武

---

[17] CCTV（中国中央電視台）：1958年開局の中国国営テレビ局。中国国内のほぼどの地域でも受信できる。

[18] ゴールデンハーベスト（嘉禾電影有限公司）：1970年設立の香港映画会社。国内100以上もの映画館も所有していた大手。ハリウッドとの共同制作を通してブルース・リーやジャッキー・チェンを世界に広めていった。2007年に創業者のレイモンド・チョウが売却してからはオレンジスカイ・ゴールデンハーベスト（橙天嘉禾娯楽）。

[19] 金城武（1973〜）：日本人と台湾人のハーフで、1994年ウォン・カーウァイ『恋する惑星』で俳優デビュー。日本でも多くのCMやゲーム（カプコンの『鬼武者』など）に起用される。

[20] ケリー・チャン（陳慧琳）（1973〜）：香港の歌手・女優。『冷静と情熱のあいだ』（2001）など日本のドラマやCMなどにも多く起用されていた。

[21] ウォン・カーウァイ（王家衛）（1958〜）：香港の映画監督、1994年の『恋する惑星』をクエンティン・タランティーノが絶賛し、世界的に有名になった。

[22] カレン・モク（莫文蔚）（1970〜）：香港の歌手・女優。アミューズにも所属し、資生堂の新製品「Za」のイメージ・キャラクターとして活躍した。

を中心に香港の俳優が日本のテレビにもよく出演していました。

齋藤　当時ゴールデンハーベスト副会長のピーター・チェンが私をかわいがってくれて、私の現在まで続くアジアでの音楽・映画ビジネスのキャリアは、このときピーターから教わったことが基礎になっています。彼が教えてくれたポイントは、人との付き合い方と中国人の考え方を理解すること、でしたね。

悲劇への対応で日本のテレビ局との関係が深まる

中山　齋藤さんがアジア各国それぞれの違いや機微に詳しいのは、20年以上も現地で付き合いを深められてきた経験によるものですね。その後、香港のアーティストを日本デビューさせるという事業は積極化されたのでしょうか?

齋藤　たしか第1号がＢＥＹＯＮＤ[23]ですね。１９９１年にアミューズがマネジメント契約をし、デビューしました。『進め!電波少年』のオープニングテーマ曲で使われていました。ただ、ご存じだと思うんですが、彼らの日本進出が悲劇的な結末を迎えてしまって。１９９３年に某テレビ局での収録中に、リーダーの黄家駒がセットから転落して亡くなるんです。

中山　あのときは日本側の芸人さんがケガをしたというニュースのほうが大きく取り扱われていましたが、来日中のアーティストが亡くなるって衝撃的ですね……。

齋藤　海外のアーティストを責任をもって受け入れている立場でしたので、アミューズとして葬式を取り仕切ったり、本当に大変でした。このときにうまく対応したことで、アミューズとしてはテレビ局や関係会社と関係が深くなりました。

中山　たしかに、そのあたりからアミューズのタレントがテレビ局と組んでどんどん番組に出るようになって、１９９６年にビビアン・スー（徐若瑄）が『ウリナリ』のレギュラーになったりしていました。この時代には、他の会社もアジアのアーティストの発掘をしていたのでしょうか？

齋藤　本格的にやっていたのはアミューズだけでしたね。日本人を日本市場向けにビジネスしたほうが圧倒的に利益は大きいですし、海外のアーティストの契約や風土の違いなど面倒なことのほうが多かったと思います。同時に、前述の通りアジアの音楽市場は小さく、日本市場だけをやっておけば十分な時代でしたから。

しかし齋藤個人としては日本のマーケットには正直興味がなかったんですよ。あくまでも中華圏を向いていた。中国人がいる市場は大きいと考えてました。特に１９９７年の香港返還がもたらす大きな変革には興味があり、中国が力をつけていったときに14億人の市場が間

㉓　ＢＥＹＯＮＤ：１９８３年結成の香港ロックバンド、88年「大地」ヒット後に91年アミューズのマネジメントで日本進出を試みた。「ＴＨＥ　ＷＡＬＬ　～長城～」のイントロ部分が、『進め！電波少年』（日本テレビ系）のオープニングテーマ曲にも使われている。１９９３年にバラエティ番組『ウッチャンナンチャンのやるならやらねば！』（フジテレビ系）の収録中にリーダーの黄家駒がセットから転落し死亡したため、日本からの撤退を余儀なくされた。

違いなく魅力的な市場になると思っていました。中華圏を制する者は世界を制すると、その当時から考えてましたね。

中山　世界の音楽市場の推移を見ると、中・台・韓・香をすべて足しても日本の1割にも満たなかったのが2000年代です。しかし2022年現在は中国が日本市場を超えて、韓国は輸出市場も含めると日本と同規模まできている。20年たった現在になって齋藤さんの考えが正解だったことが証明された感じですよね。

齋藤さんのヒストリー

1970年代：業界最大手のビクターで洋楽輸入、邦楽アーティスト育成を担当
1980年代：E・Z・Oなど日本のロックバンドの北米展開を担当。松下電器産業（現パナソニック）のMCA買収にも関わる
1990年代：業界のベンチャーだったアミューズに転身。香港などアジアのアーティストの育成と日本展開を推進。「J-POP」というジャンルの確立に一役買う
2000年代：JASRACに対抗するライセンス会社の立ち上げに参加し、その後、独立。韓国アーティストの日本展開を支援
2010年代：BTSを日本に輸入。アジア市場のポテンシャルに次の可能性を探る
2020年代：中国での映画原作、絵本の映像化、世界規模のキッズ市場への参入

3 韓国アーティストの日本展開

「即断即決」で韓国側からの信頼を得る

中山　1970～80年代のビクター、1990年代のアミューズときて、2001年にイーライセンスに入社されます。こちらはどういった経緯だったのでしょうか？

齋藤　一通りやり終えたということもありましたし、海外をみていたので、今後権利ビジネスの世界になっていくと思ったんです。日本はJASRAC（日本音楽著作権協会）が独占的に音楽の権利処理を行っていたのですが、小回りが利かない部分などがあり、柔軟性をもって対応することが必要でした。大学、レコード会社の先輩である三野さんが立ち上げたイーライセンス（e-License）[24]に入社します。そこで5年ほど働いたうえで、2005年にエンタックスという会社を立ち上げて、独立することになります。

中山　独立は、何か案件があって始めたことなのでしょうか？

齋藤　いや、とりあえず1人で独立したんですが、アミューズの副社長をやっていた出口孝臣が2007年にACC（アジア・コンテンツ・センター）[25]を立ち上げたんです。その時に、韓国のテレビ局KBSと一緒にテレビドラマ作りをすることが決まっていて、「齋藤、手伝ってくれ」と声をかけられ、そこからしばらくは韓国アーティストの案件をよく手掛けることになります。

中山　ここで韓国とのつながりがスタートするんですね。北米、香港、台湾の経験があり、そこにイーライセンスの権利ビジネスの知見まである人材となれば、ぜひとも座組に入ってくれという話になりそうですよね。

齋藤　それが最初の座組からメチャクチャで。プロデューサー契約はしたんですが、とんだ下働きで、とにかくなんでも手掛けないといけなかった。

最初の韓国ドラマ『メリは外泊中』ではチャン・グンソク[26]はイケると思って、ドラマのイベントを日本武道館で開催し、2日間で4万人を動員しました。

韓国ではタレントのマネジメントは事務所よりも家族でやっていることが多く、チャンも

[24] イーライセンス：現在のネクストーン（NexTone）。それまでJASRAC（1939年設立）が独占してきた音楽著作権管理ビジネスを民間事業者として2001年から展開した。アミューズ、フェイス、エイベックス、ソニー・ミュージックなどの出資によって設立され、2020年に東証マザーズに上場した。

[25] ACC（アジア・コンテンツ・センター）：2007年にアミューズ元副社長の出口孝臣が設立したテレビドラマを扱う日本の映像制作会社。2010年『赤と黒』など日韓共同制作ドラマにも出資・制作で関わってきた。

[26] チャン・グンソク（1987〜）：韓国の俳優・歌手・モデル。日本では2006年『着信アリ Final』の出演に始まり、デビューシングル「Let me cry」は海外アーティストとして初の週間シングルランキング首位となる。

母親がマネジャーをやっていたんですよね。なぜかすごく気に入られて、常にマネジメント交渉するときには「隣に齋藤がいてほしい」みたいに扱ってもらって。

中山　韓国やアジアの方の懐に入って、うまくビジネスをするコツはどういうところなのでしょうか？

齋藤　即断即決で結論を出すこと、だと思いますね。日本は組織文化が硬直的なところがあり、意思決定もコンセンサスを得てから行いがちです、ただ性急ではあっても「スピードこそ意欲の表れ」と捉える傾向のあるアジアでは、「持ち帰ります」と言った瞬間、やる気がないものと思われるんですよね。

　自分がアジアでうまくやってこられたのは、その場でイエス・ノーを言ってきたということかなと思います。

中山　そのほかにはどんなものを手掛けられたのでしょう？

齋藤　日韓テレビドラマ『赤と黒』ですかね。韓国ではSBS[27]、日本ではNHKで放映されて大ヒットしました。ポニーキャニオンのDVDも当時1位をとったんじゃなかったかな。主演のキム・ナムギル[28]には、安全地帯の玉置浩二[29]の歌を歌ってほしいと口説いて、歌手としてデビューするようにもっていきました。

中山　アミューズ香港の時代から日本の歌を歌ってもらうというのをやってますが、オリジナルじゃなくて、コラボ的な楽曲でも売り出しってできるのですかね？

齋藤　日本のカバーはいわば「釣り」ですね。最初にドラマをバックにしたイベントでカバーを歌ってもらうことで、とっかかりを作ります。その後にキム・ナムギルのオリジナル曲を作成して勝負しました。

東京国際フォーラムで2日間イベントをうちましたが、キム・ナムギルとしても初めてのコンサートでチケットは即日完売しました。雑誌とのタイアップも、小学館のOggiと組んで展開しました。アーティストの売り出しに雑誌メディアとコラボするというのは、当時はまだ新しくて、あの時期から普及したんじゃないかと思います。

「売れる」と判断できる条件

中山　ポンポンとヒットさせている印象もありますが、たぶん日の目をみなかったアーティストもたくさん手掛けられたうえでの話だと思います。齋藤さんとしては長らく海外アーティストの日本市場展開を手掛けられてますが、どういった基準でプロデュースするアーティストを選び、当たる・当たらないをどう判断しているのでしょうか?

㉗ SBS：1990年設立の韓国民間放送局、2022年時点で社員4000人、売上1000億円規模。
㉘ キム・ナムギル（1980～）：韓国の俳優。1999年のKBSドラマ『学校』でデビュー、2010年に『赤と黒』で主演を演じた。2013年に玉置浩二の「ロマン」をカバーした「Roman」で日本で歌手デビュー。
㉙ 安全地帯：1973年にボーカル玉置浩二を中心に結成されたバンド。1982年にキティレコード（現ユニバーサル）からデビュー。

齋藤　プロデューサーは常にヒットをたたき出す必要があります。ヒットの実績こそがブランドになりますから。一発ヒットで長年飯を食う、という考え方は齋藤にはないです。

プロデューサーという職種は、いわばプロジェクトの全責任を負うわけで、通常のやり方を踏襲してもしょうがないんです。アーティストもしくは作品に出合った時に、「これはこんなことができる」「今までとは異なるアプローチが考えられる」「世の中に一泡吹かせる素材感」といった感覚がもてるかどうかを大事にしています。

今まで自分がやってきた体験をさらに超えそうな逸材に遭遇したと思えたときには、必ずヒットしています。逆に時間をかけて考え込んだ案件は残念ながら良い結果は出ないですね。こうして実績を積み上げてきたこともあって、いろいろなお話をいただくことも多いのですが、実際には9割方はお断りしているんです。他の人ができることは自分じゃなくても良いという考え方なんです。

4 BTSとHYBE

最初から感じたインスピレーション

中山　BTSとの出会いはどのような経緯だったのですか？

齋藤　もう韓国は手を引こうというタイミングだったんですよ。これから市場は中国に向かっていく、と思っていましたから。キム・ナムギルとの契約が終わるタイミングで、ACCの韓国スタッフが防弾少年団の4人の写真を机に置いていたんですよ。なんだか気になってね。「これ、どこのグループ？」って聞いたところ、「全然小さい事務所で、たいしたことないですよ」と。

まだまだSMエンターテインメント[30]やYGエンターテインメント[31]が全盛期のころで、事務所の名前もBIGHIT（ビックヒット）って何か冗談のような名前だな、と。一度ちょっと足を運んでみるかと韓国に足を延ばしました。

中山　先ほどの話のように、今までの経験値を超えそうな感覚があったのでしょうか。

齋藤　ACCの出口さんと2人で訪問したところ、もうほんとに倒れそうな古いビルで。それでも1、3、4、5階は全部BIGHIT[32]が使っていて、どんどん広げようとしている意欲を感じました。オーナーのパン・シヒョクに会って、なぜだかとても気が合って、そのまま2時間も話し込んでいるうちに、あっちも「齋藤、面白いね」と言ってくれて。いやいや、こちらも全く同じ感想だった。

ひとしきり話し込んだあとに、「そういえば、防弾少年団を見に来たんじゃないの？　案内するよ」と、違うビルの練習スタジオに連れて行ってくれた。ちょうど7人がそろっていました。あれ、4人じゃなくて7人もいるのか、と思った。事務所で見た写真は4人だけだったのですよ。

中山　人数もちゃんと把握できてなかったくらいの出会いだったんですね。最初の印象はどうだったんですか？

齋藤　ビビビッときました。まず、ボーカルのV（キム・テヒョン）。彼は絶対日本で人気になると思った。JIN（キム・ソクジン）もドラマ向きの、売れる顔をしていた。この2人が最低いれば日本に売り出せる。あとはグク（ジョングク）はまだ15歳だったけど、このまま成長すればいい顔になる。この3トップで日本で売り出そうと思いました。

中山　当時韓国ユニットの日本進出はブームでした。齋藤さんが見いだす前に、日本の事務所からのアプローチはなかったんですか？

齋藤　もちろん日本では韓国ブームだったけど、そもそも韓国は大手事務所が寡占していたから。日本のレコード会社は当時、ＳＭ、ＹＧ、ＪＹＰの３大事務所じゃないと受けないよ、という話もあったようです。

中学生をターゲットに。母姉妹で韓流アイドル推しに

中山　なるほど、韓国音楽事務所の売上を並べてみると、２０１０年代前半にＢＩＧＨＩＴはトップ10にも入らない。２０１８年にＹＧとＪＹＰを超えて、翌年ＳＭを抜き去り、いまや北米でも十分なプレゼンスをもつ世界最大の音楽事務所になっている。齋藤さんは、防弾

❸⓪　ＳＭエンターテインメント：韓国芸能事務所の祖。当時業界的には珍しかったソウル大学卒エリートかつミュージシャンのイ・スマンが１９８９年に設立したＳＭ企画に由来し、１９９８年から海外進出を開始。韓国歌手として初めて日本のオリコンや米国のビルボードにランクインさせたＢｏＡによってK-POP海外展開の最初の成功例を作り上げる。他にも東方神起、ＳＵＰＥＲ ＪＵＮＩＯＲ、少女時代などを輩出してきた。

❸①　ＹＧエンターテインメント：１９９６年に歌手のヤン・ヒョンソクが設立したヒョン企画に由来し、２０１２年に「江南スタイル」のＰＳＹに始まり、ＢＩＧＢＡＮＧ、ｉＫＯＮ、ＢＬＡＣＫＰＩＮＫなどを輩出してきた。

❸②　パン・シヒョク（１９７２〜）：韓国の音楽プロデューサーでＨＹＢＥの創業者。ソウル大学在学中に作曲家としてデビューしつつ、学業でも次席で卒業。創業期のＪＹＰエンターテインメントに入社。ＪＹＰ創業者のパク・ジニョン（日本ではＪ・Ｙ・Ｐａｒｋとして有名）とは楽曲制作のデュオも組んでいた縁でプロデューサーとして活躍。２００５年にBig Hit Entertainmentを創業し、防弾少年団（ＢＴＳ）をプロデュース。２０２０年の株式公開で韓国長者番付6位に。メディア業界のビジネスリーダー５００人を選出する「バラエティ５００」にも選出。２０２１年にＨＹＢＥへ社名変更するとともに、ＣＥＯ（最高経営責任者）を退任し、取締役会長に就任。

韓国４大音楽事務所、エイベックス、アミューズの売上

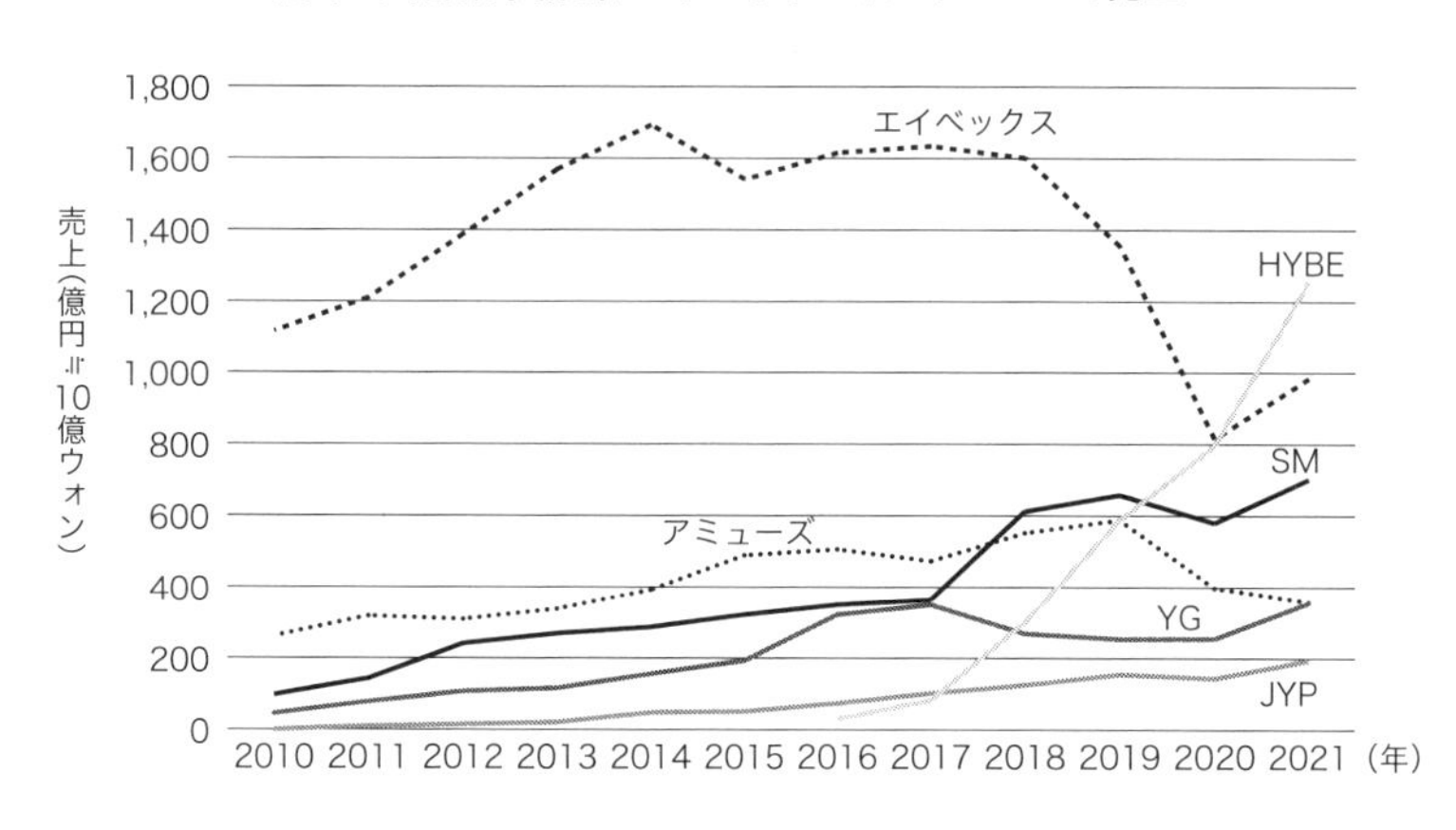

出典)IR 資料

少年団を日本でどうやってプロモーションしていったんですか？

齋藤　中学生にぶつけたんです。すでに高校・大学生・ＯＬは東方神起[33]で大ブームの時代、同じターゲットよりも、「姉は東方神起、私は防弾少年団」という形で姉妹で差別化できるようにもっていった。母親も含めて、家庭内で韓流ドラマ、Ｋ-ＰＯＰを競合させながら、ちょっとずつ浸透させていくようにした。

懇意にしているテレビ局にも話をもっていき、大親友のいるニッポン放送にも協力してもらい、レコードはポニーキャニオンに協力してもらった。雑誌はそのターゲットに刺さるように、オリーブ、ａｎａｎ、ＣａｎＣａｍなどを中心に展開しました。今までのＫ-ＰＯＰとは大きく異なる媒体展開を考えました。大きなメディアに載せて、社会的認知度を上げていくことです。

地方の小さなライブでもデッカイ機材を持ち込み本気を見せる

中山　ビクター時代にメディア営業をやられてきた経験が生きてますね！

齋藤　ただ、あのころと違って、メディアというより、ユーザー側の反応を巻き込んでいくのが大事な時代でした。どんどん広げるよりは、「応援しているBTSが一緒になって成長していく」というストーリーを大事にしていたので、初期は『ミュージックステーション』などのテレビ露出のオファーがあっても断ってました。むしろライブ体験を重視して、ハコ（会場）を少しずつ大きくしていったんです。それこそライブでしか見られなかった井上陽水さんのように。

最初、東京で小さめのハコでソールドアウトさせたら、次は大阪、福岡、名古屋と展開していく。地方の小さなライブハウスでも、赤字覚悟でデッカイ機材をもっていくんですよ。そうすると、「ほかのK-POPと違うね、ここは本気だ」というのが伝わる。それは地方の小さなライブハウスであればあるほど効果的で。そういうのを積み上げていくと、それ自体

㉝ 東方神起：SMエンターテインメントで2003年に結成されたユニット、2005年にエイベックスを事務所として日本デビュー。2008年には日本レコード大賞にもノミネートされNHK紅白歌合戦にも出場。2009年に専属契約と収益配分に関する規約の不当性を訴え、3人のメンバーが離脱。それ以降は2人ユニットとして活動を続けている。2012年には日本でシングルを合計301万枚を売り、カーペンターズがもっていた日本における海外グループの売上記録を超えて歴代1位に。2013年のライブ観客動員89万人（日本国内の年間2位）も海外アーティスト最多記録。

が成長ストーリーになっていく。
当時、中学生以下はお金をもっていない層としてユーザーとしての認知がされていなかった。でも、親にお金を出してもらいながらライブに行き始めてもらえればいい。そのブルーオーシャンに向けて、今の14歳が18歳になったときが勝負だ、と3～4年かけたプロセスのつもりでまわしていきました。きちんとテレビ露出を始めるのは、そういったプロセスが一巡した後の『めざましテレビ』が最初だったかと記憶してます（2015年6月）。

中山　たしかに2010年代前半のレコード売上をみると、必ずしも最初から快調だったわけではないですね。2011～16年あたりはシングル・アルバムを年に数枚出して、数億円くらいの売上という水準でした。

齋藤　ユーザー年齢が低かったので市場の拡大に時間がかかりましたが、底辺を固めて、基盤を作る工程が重要ですからね。でも当時のK-POPの浸透率としては破格の伸び率でした。ファンクラブ、グッズの売れ行きがすべて予測を超えていきました。ただ、本当の人気は、北米で人気を博してから、日本に逆輸入のような形で火がついたことだと思います。

北米チャートも総ナメにした売り出し方

中山　北米も含めて、なぜBTSは世界的な人気を得たと思いますか？

齋藤　パンはとにかく勉強熱心だった。私とは月に1回は会って食事をしていた。パンは躊躇なく、徹底的に日本の勉強をし、日本の芸能事務所の成功パターンを踏襲しようとしていた。当時はファンクラブ、CD、グッズ、コンサートと日本の音楽市場が最も豊かでいろいろな売れ方の手段があった。また、パンは周辺の韓国企業のルートをしっかりつないでましたね。

中山　日本はアジアの中でトップ級の市場だった。音楽にお金を払うユーザーが多かったですね。韓国事務所は海外売上の半分以上は日本だった。皆、日本でどのくらい売れるかがプライマリーターゲットだった。でもBTSは日本よりも北米など世界中で売れた。

齋藤　BTSは南米から売れて、北米に広がったんですよ。チリやブラジルから始まった。英国音楽の影響を受けていたK-POPは、そのイギリスっぽい音調が、そのまま欧州文化の影響が強かった南米でウケた。米国でラテン系人口が増えているという前提も踏まえたうえで、ニッチなラテンで好評を得てから米国のラティーノから火がつくように戦略的に展開していた。

韓国と南米って何か似ているものがあるんですよね。いずれも隣に超大国があって、常に侵略におびえるマイノリティとして、文化によってうまく差別化を図ろうとする土壌があった。そして同時にその超大国の市場で挑戦しようというアウトバウンドの気概も強かった。

日本より10年は進んでいるリサーチ能力

中山　韓国企業はネットに強いイメージがあります。データに基づく展開などもしていたのでしょうか？

齋藤　彼らは全世界的にリサーチしていました。すごいのは、新しい市場なのに、どのくらいコンサートをやったらどのくらい客がくるか、統計的に数字を出していたこと。リサーチ会社と提携して、今トルコでやるなら3000人くらいは集まる、とか、マレーシアなら最低1000人だからそのサイズの箱を探してくれ、とか。正直、日本に比べて10年は進んでいると思わされました。そのくらい、かっちりビジネスをやっている連中が、戦略的に展開していた。

中山　日本のエンタメ、特に音楽は、テレビ局と音楽事務所の関係性にもとづいてやっている歴史もありますし、データやデジタルは苦手な印象がありますね。外国でのライブ集客予想ができるって、そのシステム、本当に羨ましい……。

齋藤　日本は人間関係や社会的意義みたいなものを重要視しますが、韓国はデータや新しい企業風土を重要視します。ここの違いは大きいですね。

本当にすごかったのは、上場のタイミングでパンが経営の前線から退いて会長に上がったことだと思うんですよ。彼は私とも気が合うくらいで完全にクリエイティブ側の人間で、どんなアーティストがいいかという点ではすごいセンスがあります。でも、データやマーケティングが必ずしも強かったわけではない。そうしたときにゲーム会社のＮＥＸＯＮのトップをヘッドハンティングして経営を任せてしまった。パンは今、アーティストのプロデュースだけやってます。

中山　パンさんは当時まだ40代でしたよね？　そんなに若いのに、しかも創業者が人に経営を任せられる、というのは日本のエンタメ界ではあまり見たことがないですね。大手芸能事務所が大手商社の前社長を入れるようなものですよね。

齋藤　学歴もあるかもしれません。パンはソウル大学出身なんですよ。韓国の東大のようなもので、エリート中のエリートです。韓国の産業界ではソウル大学の学閥は強いですね。それまでは韓国芸能事務所でソウル大学出身者は、ＳＭの創業者イ・スマン[34]くらいしかいませんでした。また、成功者には多くの投資会社が興味を持つ韓国の経済風習があり、一気に新たな企業体質と人材が拡大した感はあります。

[34] イ・スマン（1952～）：韓国のシンガーソングライターでSMエンターテインメントの創業者。ソウル大学時代にフォークデュオを結成し、1972年にレコードデビュー。1989年に前身となるSM企画を設立。テレビ司会者などを務めながら、1996年のH・O・Tを皮切りに、BoA、東方神起、少女時代、SHINee、EXO、NCTなど日本市場にも進出する韓国アーティストを育成。

5 日本はなぜ負けたのか?

「J-POP」という発明がまずかったのかも……

中山　韓国の躍進とは対照的に、日本の音楽産業は衰退しています。どこに問題があるのでしょうか?

齋藤　これは僕も加担してしまっている話なのですが「J-POP」という発明がまずかったのかもしれないと思うことがあります。J-POPというカテゴリーができて、そのカテゴリーの中でビジネスを展開するようになった。日本の国内市場には大きな拡大をもたらしましたが、海外展開を全く視野に入れなくなったことは大きいですね。

中山　J-POPは1990年代に登場した概念ですよね。

齋藤　セゾンと東急が一緒になってラジオ局のエフエムジャパン（現J-WAVE）を作るんですが、最初洋楽しかやるつもりがなかったけれど、のちに会長になる斎藤日出夫さん[35]が「邦楽も入れようよ」と。日出夫さんと私とシャ・ラ・ラ・カンパニー[36]の佐藤輝夫さんで頭をひねって考えたのがJ-POPという言葉だったんです。山下達郎[37]とか、大瀧詠一[38]とか、大貫妙子[39]とか、洋楽っぽい邦楽アーティストをまとめて「J-POPクラシック」という番組ができました。

それが一大ジャンルになって、J-POPからアイドルが出てきて、日本風ポップという派生をしていくなかで、逆にアーティストが洋楽にあこがれて海外に出ることもなくなっていった気がします。日本の音楽産業はJ-POPという言葉の拡大とともに大きく成長しましたが、それが内向き志向を形成してしまった。日本市場が潤沢だったのもありますが、日本人って言葉（キャッチコピー）やジャンルで「区切られる」のが好きじゃないですか？

中山　セグメントのなかにうまくおさまっていく民族ではありますよね。米国はラグビーからアメリカンフットボールを作ったり、自ら新しいルールを作る傾向がありますが、それに比べると日本人は新しいルールや概念を作るのは得意ではない。でも、一度定義すると、そ

[35] 斎藤日出夫：1988年にJ-WAVE入社、2010年代表取締役専務。2012年に社長。
[36] シャ・ラ・ラ・カンパニー：ラジオ番組・音声コンテンツ・ドラマ企画制作会社。
[37] 山下達郎（1953〜）：日本ポップソングの第一人者、妻は竹内まりや。明治大学在学中の1973年に大貫妙子らと「シュガー・ベイブ」を結成、J-POPの前史を作り出す。「クリスマス・イブ」は1986年から30年連続で週間シングルランキングに入り、ギネス世界記録。
[38] 大瀧詠一（1948〜2013）：1969年、早稲田大学時代に「はっぴいえんど」結成。解散後はソロで音楽活動を続ける。作曲家としても松田聖子の「風立ちぬ」など多くのヒット曲を手掛けた。
[39] 大貫妙子（1953〜）：山下達郎らと結成したシュガー・ベイブ解散後、1976年に日本クラウンからソロデビュー。山下達郎、竹内まりや、中森明菜、松田聖子、原田知世、工藤静香、坂本龍一、中谷美紀、松たか子など多くのトップアーティストへの楽曲提供も行っている。

の中でカイゼンによる独自進化を遂げる。
齋藤　それでジャズとかフュージョンとかロックとかがあるなかで、Ｊ‐ＰＯＰは１つのジャンルとして確立して、まさに小室哲哉ブームとともに国内志向になっていった気がするんです。

大事なのは、メディアになるくらい大きなコンテンツを作ること

中山　ちょうど同じころでしょうか。日本のアニメは、テレビ局という大口の制作スポンサーを失い、逆に海外での放映権料で稼ぐようになっていった。アニメ経由の音楽はどんどん外に出ていった気がしますね。その時代には、野球の野茂英雄がメジャーリーグに行ったように、アスリートが海外にいく動きも加速します。
齋藤　結局メディアがコンテンツになるんじゃなくて、コンテンツがメディアになるんです。ビクター時代にサザンをやってたときは、各メディアがいくらでも声をかけてくるんですが、それってサザンがメディアになっていたからなんですよね。彼らがやることなすことがトレンドを作る、メディアになって皆が影響を受ける。大事なのは、メディアを作ることから始めるのではなく、メディアになるくらい大きなコンテンツを作ることなんです。
中山　これは最近のテック界隈にも相通ずる話ですよね。

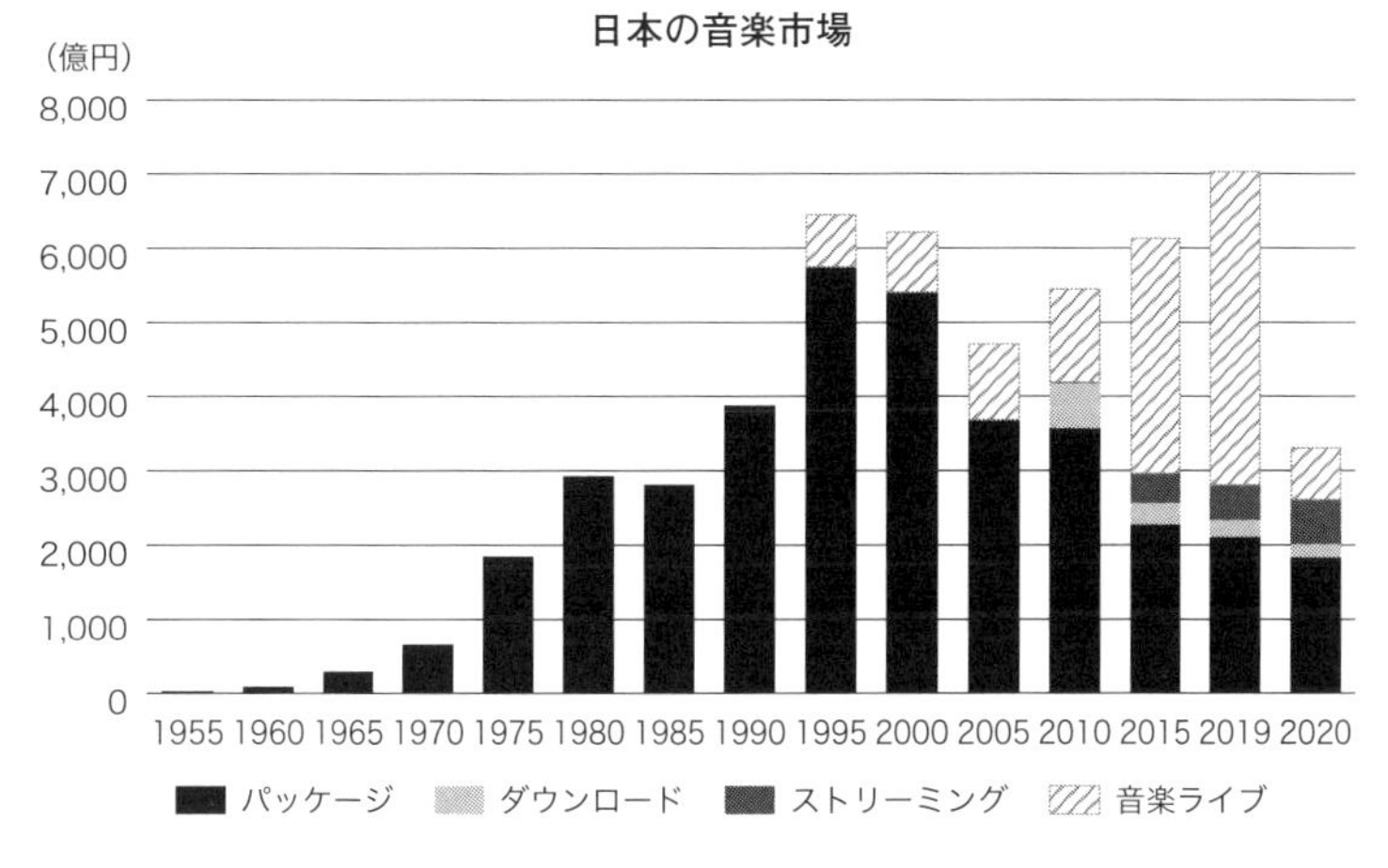

出典）『情報メディア白書』、ぴあ総研資料、日本レコード協会資料。音楽ライブの1990年以前は不明

齋藤　最近のメタバースもそこらへんのポイントがきちんと押さえられているのか心配です。場所を用意すればコンテンツが空から降ってくると思っている人がいるんですよね。コンテンツという言葉が軽くなったようにも感じます。

　コンテンツもアーティストも、人が努力して作り出すものなんです。ＡＩがどんなに進歩しても、そのもとになっているのは人の経験や感性ですよね。ＡＩはそれを効率的に広げていく機能を担うことはできますけど、絶対的に「最初にあるのは、人が作り出すコンテンツである」という原理原則を忘れてはいけません。

6 今こそ中国市場

中国で映画プロジェクトを推進

中山　齋藤さんは現在どんな挑戦をされているんですか。このあいだまで、中国の北京に数か月出張されてましたよね？

齋藤　コロナで一度頓挫してしまった北京での映画製作の企画が動き出したんです。ただ、ゼロコロナ政策ということもあり、空港からそのまま送迎で借り切ったホテルに入り、3か月、1歩もホテルの外に出ることなく、映画の脚本作業を行っておりました。

中山　中国で展開される映画の原作を齋藤さんが担われているということでしょうか？

齋藤　はい、もともとは齋藤の持ち込み企画です。ちょっと詳細はまだ言えないのですが、40億～50億円規模になる映画プロジェクトで、脚本チームだけで20～30人、原作者の齋藤に2人の翻訳者がつきっきりで（中国語を日本語にする通訳者と日本語を中国語にする通訳者が2人常駐）、原作・脚本を作るんです。中国の映画作りは、脚本、製作、配給、事業などパートに分割されていて、もはやハリウッドですね。
中山　すごいですね！　アーティストのプロデュースをされていた齋藤さんが、今度は自分がストーリーの原作者として、いまや世界最大の映画市場となった中国で製作を行う。アジアで30年やってきた経験がここで生きるわけですね。
齋藤　ここに至るまで本当にいろいろなことを経験しましたし、いまやっているこのプロジェクトはたしかに自分にしかできないし、自分のプロデューサーとしてのキャリアの集大成だと思っています。

絵本のポプラ社はなぜ中国で成功しているか？

中山　中国の映画業界に入っている日本人を私は知りません。齋藤さんはとてもレアな入り込みをされてますが、中国のエンタメ業界でそれなりのプレゼンスが出ている日本企業ってあるんでしょうか？
齋藤　ゲーム業界だといくつかあると思いますが、私が最近注目してるのはポプラ社ですね。絵本の。中国の絵本市場で2～3割の市場シェアをもっていると言われてます。実はポプラ社って中国に進出してすでに20年ほどになり、その最初の10年はずっと赤字だったそうですよ。

中山　普通なら、もう撤退してしまっている状況ですよね。
齋藤　やはりトップがどれだけコミットしているかですよね。ポプラ社は日本では中小規模の出版社ですが、奥村傳社長（現在は相談役）が中国は必ず広がると、赤字でも続けられてきた。中華全国婦女連合会という女性の向上と子供の成長を見守る協力団体みたいな組織が「これからの中国に絵本は重要だ。受験ばかりさせずに親が読み聞かせを」と発信をしたこともあって、この数年は爆発的に伸びています。
中山　ゲーム業界でも、バンダイナムコやコーエーなどすでに10年以上前から中国に張り続けている会社が、ここ数年で果実を得られ始めている感じはします。
齋藤　規制が厳しいのは確かにボトルネックですけど、一度通ってしまえば、ものすごい市場サイズで「広がり」があるのが中国なんですよね。日本人が中国市場をやっていると、どうも「先を行った自分たちが、進んだ文化をもたらす」みたいな時代錯誤のローカライズ感が出てしまって、「儲からないから」とすぐに退出してしまう。
中山　いや、ホントですよね。20世紀の記憶が残りすぎていることが日本のボトルネックだと思います。アジア市場に対して偏見が強すぎるんですよね。
齋藤　あとから追ってくる者の強さ、先行者利益ならぬ遅行者利益のようなものを感じます。韓国や中国のプロデューサーはめちゃくちゃ勉強してくるんですよ。なぜ日本がこんなにエンタメ大国になったのか。アイデアや課題を出すと数日でものすごい量を調べてくる。日本の制作者はずいぶん安穏としちゃってますよね。

現地の人間との付き合いを続ける

中山　齋藤さんは、日本のエンタメ黄金時代を歩まれてきたと思いますが、今の日本エンタメ企業にどういったことを伝えたいですか？　私も北米やアジアで駐在としてやってきましたが、「人材育成」と誰もが言うなかで、思うような変革を遂げているプロデューサーはあまりみかけません。パン・シヒョクのようなプロデューサーを生み出せた韓国と日本で何が違うのか……。

齋藤　「人材育成」といいますが、それよりも「経験をさせていない」ことに課題がある気がします。日本から人材を送りますが、日本の1年と現地の1年では時間の感覚が圧倒的に違うんです。中国では3年いてはじめて日本の1年くらいの仕事の経験値になるんです。ゼロから環境にとけこんでいく必要がありますから。低収穫率だけれど、市場ポテンシャルが大きい「新しい市場」に人材を送って、中長期的に経験させることに企業が我慢できるか？

中山　日本からの駐在員は3年で帰しちゃうことが多いですよね。日本と現地のリエゾン（橋渡し役）としてしか経験させていないケースも多い。

齋藤　手前味噌ですが、私が30年アジアで生き残ってこられたのは、現地の人間と交流を続けてきたからなんですよ。中国の信頼できるファミリーや、ゴールデンハーベストのピーター・チェンとの付き合いから始まり、チャン・グンソクと家族ぐるみの付き合いをして、ずっと香港、台湾、韓国、中国とアジアの中で現地の人間と付き合い続けてきた。

即断できる決断力と実行力も重要です。責任を全部取れる立場を作ってあげることも組織としては重要ですね。今の若手にもそういった経験をさせたうえで、中国や韓国の生き馬の目を抜くような業界の人間と伍して渡れるような、スーパープロデューサーが出るようになってほしいですね。

中山　日本企業、日本人プロデューサーの強みって何だと思いますか？

齋藤　日本企業の強みは分析力と慎重性だと思いますが、これが大きな弱みにもなります。また、日本企業も日本人も歴史的に海外の人たちと混じることが基本的には苦手です。日本の慣習とか日本の物差しを引きずる傾向が強いです。

大きな海外プロジェクトに日本人として（日本企業として）参加して、ポジションは関係なく、いちから勉強する姿勢が重要で、これは日本はできると思います。「ダメだなぁ」と言う結果主義ではなく、ダメを磨いていく成長主義があるなら、日本人としてできると考えます。

中山　逆に足りないところはどういうところですかね？

齋藤　野望と責任感が必要で、それをしょっていける経験と仲間たち（海外も含めて）が重要ですね。日本人だけにこだわらないで、いろんな意見を聞く姿勢ですかね。日本人は日本人と仕事をすることが安心なのですが、それはアウトです。日本人がいろんな海外の人材のノウハウを活用していく時代にならなければなりません。それと日本の物差しを捨てることですかね。

人が育てばコンテンツが生まれます。コンテンツがあれば、メディアもコントロールできるし、プラットフォームすらコントロールできるんです。

齋藤さんに学ぶポイント

「アジアに学ぶ姿勢」

アジア各国の成功事例と謙虚に向き合う。盗み取ってやろうと学ぶ姿勢は、今アジア勢の中で日本が一番弱い。

「今の物差しを捨て、相手の懐に入り、混ざる」

特に中国では、キーマンを特定し、誠実に、家族ぐるみでトコトンまで付き合う必要がある。飛び込んでどっぷり漬かることで、過去の物差しを捨てられる。

「即断即決」

異国で信用されるには、とにかく決める力があることを見せる必要がある。自分に案件のオーナーシップがあることを証明する。

「育成ではなく、経験させる」

海外市場という新しい場所で経験値を得るのには３倍時間がかかる。それぞれの国で時間をかけて体得していく。

終章

日本エンタメが
世界へ飛躍する条件

世界展開を目指すプロデューサーが少なかった理由

日本における長いエンタメの歴史の中でも、海を越えたプロデューサーというのはそれほど多いわけではない。というのも日本のエンタメ業界において、基本的にマーケットというのは「日本」であって、プロデューサーが悪戦苦闘の末に生み出した日本における成功作品をエージェントや海外担当者が「勝手に」もっていってくれたものが「海外」だったからだ。戦隊ヒーローの『パワーレンジャー』も『遊☆戯☆王』も、日本コンテンツが当たると思った米国人プロデューサーの手によって米国に持ち込まれたものであり、日本人プロデューサーが自ら海外に作品を持ち込んで大ヒットした作品というのは、実は意外なほど少ない。

理由の1つは「海外でヒットする日本コンテンツ」の売上はたかがしれていた、ということもあるだろう。日本で興行収入100億円を超えるヒットとなった超人気の映画作品が、たいていの場合は米国で10億円にも満たないのだから。

また20世紀の日本にとっては「海外≒北米」であり、北米でヒットすればそれが欧州に展開され、アジアや中東・アフリカに広がっていく、といったように、映画も音楽もマンガもゲームも、基本的には海外展開というのは北米展開と同義であった。

そんな北米で日本コンテンツを受容するのはニッチなユーザーであり、あえて日本で大成功しているプロデューサーが言語も文化も異なる海外で四苦八苦しながらコンテンツを広げるという効率の悪いことはしない。それが1980～90年代の「常識」だったように思える。

そんなわけで日本の作品が海外で大ヒットしたというニュースは半ば都市伝説のように扱われてきた。「フランスでアニメ『UFOロボ　グレンダイザー』が視聴率100％超えたらしい」❶「米国で玩具『パワーレンジャー』が子供に大人気で、年間400億ドル売れたらしい」「『涼宮ハルヒの憂鬱』のDVDは北米で6万セットを超えたらしい」❷などなど、意外な場所で意外な時代に意外なファンと出会ってしまった偶然の事故でしかなかった。その場に行って、その作品を継続・深掘りして展開していこう、というプロデューサーはほとんど存在しなかったと言ってもよい。

日本のプロデューサーは、日本のことで手一杯であったし、そもそも「自国のことで手一杯」になれるほど潤沢なエンターテイメント市場がそこには存在していたのだ。逆に言うと、ディズニーもハリウッドも欧州音楽レーベルもアジアのゲーム企業も、皆が「日本市場」を目指して「海外展開」してくるほどに、日本のエンタメ市場は魅力的な規模とファンに溢れる「黄金のジパング市場」のような様相を呈していた。

今となっては「国内重視」「内向き」と揶揄される日本エンタメであるが、実は「海外市

❶ パトリック・マシアス『オタク・イン・USA 愛と誤解のAnime輸入史』太田出版、2006年
❷ 三原龍太郎『ハルヒ in USA：日本アニメ国際化の研究』NTT出版、2015年

場」の概念そのものが結構新しいものなのではないか、ということに私自身最近になって気づくようになった。

日本作品の国内・内向きを憂う声は大きいが、それはある意味「無いものねだり」というか「無かったものねだり」であり、むしろ1970～90年代に盤石すぎた「黄金のジパング市場」が、2000～10年代でずっと右肩下がりであったことの「結果」を受けて、海外志向に急に舵を切らなければいけない状況に陥っている、というのが事の顛末である。

しかし、意思決定や方向転換が必ずしも速くはない日本の組織にとって、ここ10年ほどは海外展開に関しては停滞と焦燥の繰り返しであり、根本的に考え方から組織構造まで変えなければいけないタイミングである、ということは厳然たる事実であろう。

あっさりと「世界制覇」を実現した韓国エンタメ

『防弾少年団』という奇妙なユニットが日本の雑誌に載り始めたのはいつごろだろうか。当時は「ＢＩＧＨＩＴ」という、ちょっとクスリと笑ってしまうような名前の、新興の韓国芸能事務所が日本市場を目指して参入してきた、という程度の話だった。それはＢｏＡや東方神起のように、アジア最大の音楽市場である日本マーケットで一旗あげようという「数えきれないほどある韓国ユニットの１つ」でしかなかった。２０１３年の話である（齋藤英介氏の章を参照）。

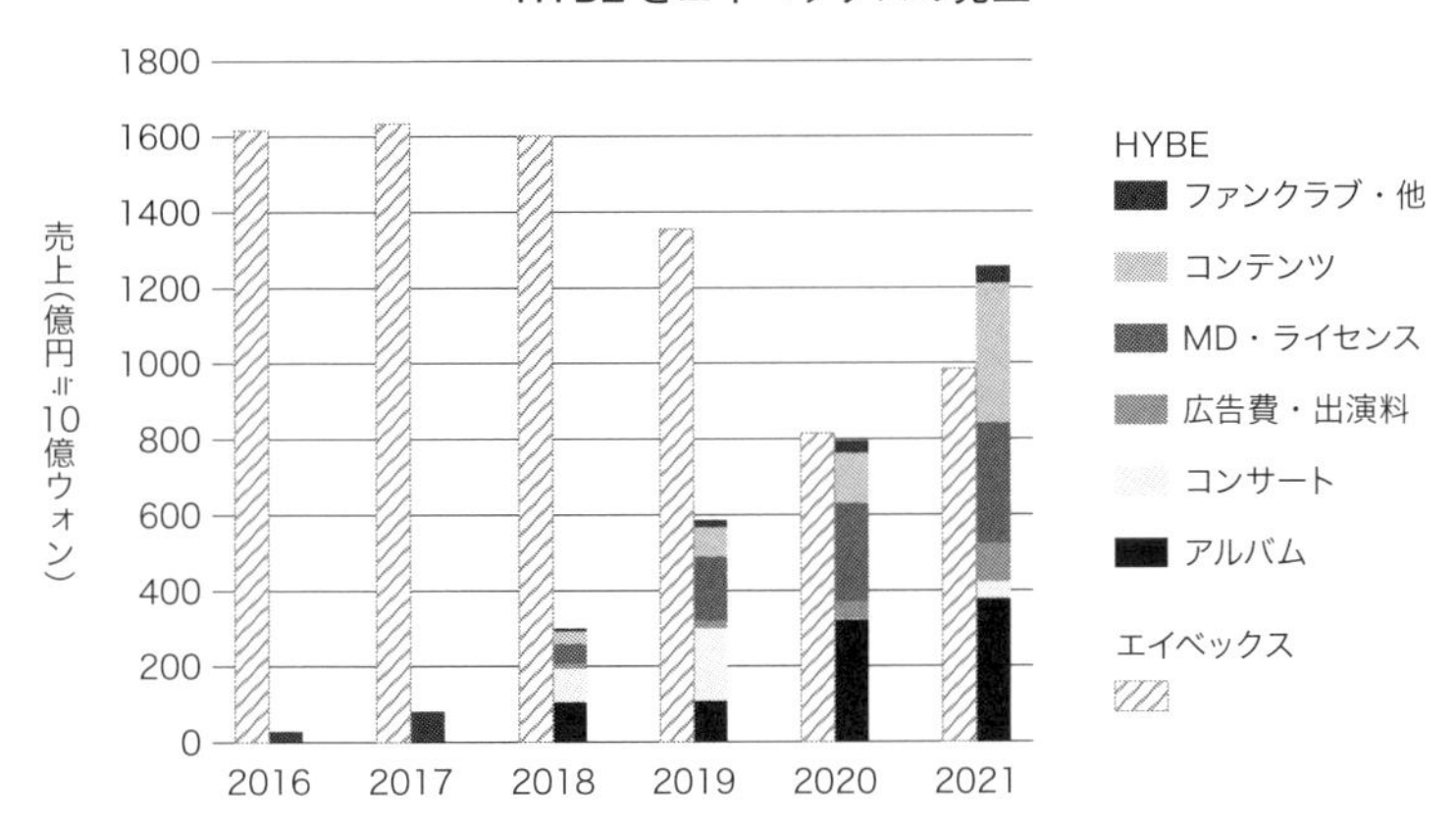

出典)各社IRより

そこから約10年、もはや当時の「危うさ」を覚えている人も少ないのではないだろうか。『ＢＴＳ』と名前を変えたユニットを率いるのは、事務所の名前を変えた「ＨＹＢＥ」である。創業者にして辣腕音楽プロデューサーのパン・シヒョクは、すでにＣＥＯを退いて会長ポジションに上がり、ＨＹＢＥのかじ取りはパク・チウォンという元ゲーム会社ＣＥＯに任せている。

現在のＨＹＢＥの事業別売上を見ると、もはや「芸能事務所」とは段違いのビジネスモデルを形成している。６年前には売上30億円の小さな事務所であり、日本のエイベックスの50分の１でしかなかったこの会社が、わずか５年で追いつき、６年目で抜き去った。株式時価総額でいえば、一時ＨＹＢＥは１・５兆円規模に達し、エイベックスの７００億円に20倍もの差をつけた。

それはアジアだけでなく北米を席捲するＢＴＳという、おそらくアジアの歴史上もっとも欧米で活躍するアーティストを生み出したことによる成果ではあるが、ＨＹＢＥは決して一発屋というわけではない。北米でジャスティン・ビーバーやアリアナ・グランデを擁するトップの音楽事務所を１０００億円で買収し、アプリゲームからファンクラブ運営に至るまで広く展開するメディア・コングロマリットに羽化したという「組織的な成長」に基づくものである。

かつて韓国音楽業界にとっては、日本市場こそが「海外」であった。２０００年代には韓国レーベルの海外売上の８割近くが日本向けであり、２０１０年代後半になってようやく日本向けは5割以下にまで下がる。韓国音楽業界にとって、日本で成功することが海外で成功することを意味する時代が長く続いていたのである。

だが、この数年、彼らは北米やＡＳＥＡＮに急展開し、あっという間に日本を抜き去って、「世界制覇」と呼ぶにもふさわしいほどに世界各地に浸透するＫ‐ＰＯＰ市場を築き上げてしまった。

日本の「黄金時代」「不安の時代」「焦燥の時代」

日本はずっと負け続けてきたわけではない。失われた30年とはいいながら、少なくともエンタメ業界における１９９０年代、バブル崩壊後であっても栄華の時代は続いており、むしろ世界のクリエイティブ業界においても燦然と輝く作品を生み出し続けてきた。

変調が起こったのは2000年代だろう。団塊の世代でもあった黄金時代の演出者たちは、2000年代に次々と管理職化していき、前線から実権を奪われていった。同時に中国や韓国などアジアのエンタメ企業が勃興してくるのも、この時代である。日本が2000年代に海外展開を積極化できなかったことが、この2010年代以降の世界トレンドから大きく立ち遅れた理由といえるだろう。

SMやYGそしてHYBEなど韓国音楽企業が徹底的に学んだのは、1980~90年代の日本のビジネスモデルである。彼らが強みを獲得するために範として背中を追ってきたのは「黄金時代の日本のエンタメ業界」なのだ。それは中国のゲーム会社も映画会社も、韓国のウェブトゥーン出版社も、実は同じである。日本が長く米国の背中を追ってきたように、1980~90年代は日本市場こそがアジアのコンテンツ業界が目指すべきエッセンスの塊であった。

ところが、その大元である日本はその後どうなっていったか。GAFAの時代が到来し、ネットがコンテンツ業界を変えていく段になった2000年代、日本のエンタメ企業は「守り」に集中していった。「不安の時代」である。一時は世界シェア90%を超えていた家庭用ゲーム機の業界においてすら、リーマンショック後は萎縮と海外市場からの撤退が見られた。さらに2010年代は日本企業がとってしまった悪手によって挫折を深めた。「焦燥の時代」である。

20年前までは日本市場だけでアジア全体の半分以上を占めていたゲーム、マンガ、音楽の市場優位性があったにもかかわらず、２０２０年代の幕開けとともに聞こえてきたエンタメ業界の成功事例は米国、中国、韓国企業によるものばかりというのは、日本にとってあまりに残念すぎる結果である。

この閉塞状況を突き破ってくれる「天才」の出現を、ただ待ち望むだけでいいはずがない。その点に関する私の問題意識は「はじめに」に記した通りである。「日本は今、身近な成功事例がないことで、青い鳥症候群よろしく、日本に存在すらしなかった何者かを追い求めているのではないか？」。

レガシーにも寿命があり、新しいレガシーを作るべき

本書でインタビューした伝説的な仕事人たちから学ぶべきは、日本エンタメの黄金時代が、どんな人材のどんな働き方によって実現してきたかという歴史そのものであろう。守りに入った２０００年代、その割を食った２０１０年代を超克し、１９８０～90年代に培われた豊かな土壌の上で、この２０２０年代に再び新たな黄金時代を築くための道筋は、伝説的な仕事人の「エンタメ脳」にヒントがあるように思える。

我々はいまだ20世紀に生み出された成果によって「食わせてもらっている」状態である。特にエンタメ業界における近年の北米展開の成功例は、『ポケモン』『遊☆戯☆王』『ウルト

ラマン』『ドラゴンボール』『ガンダム』『NARUTO』など、ほぼすべて20世紀に生み出された遺産である。

現状のままでいけば、いずれ欧米やアジアでも日本の黄金時代のキャラクターを知るユーザーは引退していくし、日本市場の優位性は失われ続けるだろう。レガシーにも寿命はあり、それで食い続けられる期間は限られている。新しいレガシーを作るべき我々の世代が、いまだ不安と焦燥の20年を引きずっているようでは、日本のエンタメ業界の未来はない。今こそ脱皮すべきタイミングである。

「組織の穴」をみつけて推進していく

エンタメ業界の歴史を作ってきた6人の仕事の流儀は、バラエティあふれるストーリーの連続ではあったが、逆に出自や業界が異なるからこそ際立って目についたのは「共通点」のほうだった。

全員が若いころからもっていた共通点は「本当のゴールだけを見つめ、自分の頭で考えたやり方で進める」という点が挙げられるだろう。

これが簡単なようで難しい。先人がすでにいて、彼らは成功を導けるという自覚をもち、やり方を含めてアドバイスをするからだ。善意でしかない上司や先輩の手助けが、実は異なるゴールを目指していたり、無目的な過去のプロセスの踏襲でしかなかったりする場合も少なくない。組織内で長く踏襲されたやり方は、一時的には正しかったとしても、時間とともに必ず歪む。その結果、成果と数字を優先し「尖った人材」を排除してしまうことも多い。

6人の中に組織内の摩擦を経験しなかった者はおらず、全員が「組織内の戦い」を経験し、実績によって組織文化を是正してきた経験をもつ。「自動車の教習所のゲームを作れ」と言われたのに空中戦シューティングゲームを作った岡本氏はあまりにも大胆不敵だったが、彼らはゴールだけ、市場だけ、ユーザーだけに集中してきた。

それぞれが独力で「組織の穴」をみつけだし、勝手に推進して勝手に生み出したものがヒット作品となり、組織や産業の構造自体まで変えてしまった。

ならば意識すべきは、その「組織の穴」だろう。この6人のような人材であれば、組織のエアポケットをみつけて、勝手にそこで好きに作品を作るはずだ。

トップダウンで設計された企画と人材選出が、伝説級の作品を生み出すわけではない。再現性をもってヒット作品を生むための「組織の穴づくり」、それが今の日本のコンテンツ作りとコンテンツの海外展開には必要なのだ。

サラリーマンからでも伝説は生まれうる

サラリーマンからでも伝説は生まれうる、という確信が持てたことが、私自身にとっては最大の収穫だった。

伝説的なエンタメ仕事人は、最初から輝く素養をもっていたかもしれないが、少なくともその輝きを発掘して、機会を与える「度量」が組織というハコになければ、一介の会社員として丸くおさまっていたかもしれない。様々な摩擦はありながらも、最終的には彼らが活躍することができた事例をみれば、野放しに育ってくる人材を「待てる」組織文化こそがいまだ日本企業の強みとはいえるのかもしれない。

土屋氏や鳥嶋氏が定年退職まで「最初の1社」の雇われ人であり続けたというのは非常に奇妙にも聞こえる。いつ外に出てもおかしくない人材であっただろうし、事実外から求められる声も多かったようだ。だが、雇用者であっても自由さが担保され、組織の度量によって生かされ続ければ、伝説的プロデューサーがずっと組織の中で活躍し続けることだって可能なのだ。

ほめずとも「抑止しない」「足をひっぱらない」

ただし、「天才」が生み出されてきた環境が、決して「教育」によるものではなかった点は注意が必要である。

「やってみせ、言って聞かせて、させてみせ、ほめてやらねば、人は動かじ」という山本五十六の言葉はマネジメントでもよく使われる。だが、そもそも「言って聞かせて」をまともに受け止めるような人材からは、6人はずいぶん距離があるように思われた。「させてみて」の結果として、従来とは全く違う解法を提案してくるのが、こうした人材の素養なのだろう。それに対して、ほめずとも「抑止しない」「足をひっぱらない」ということが、一番大事なのだと思う。

「育てるものではない、育つものだ」というのは、全員の口から出てきた言葉だった。場さえあれば学ぶ人間は勝手に学ぶ。鳥嶋氏が数字や結果をすべて公開し、情報や権力の偏在を極力排除しようとする姿勢はまさにその点に帰着する。公開したうえで勝手に学び勝手に提案してくる「尖った人材」を、その後に抽出していけばいいのだ。

チームは常に小さく、裁量は常に大きく。「育つものだ」という環境を用意するためには組織はそれなりに覚悟を決める必要がある。

「ルールを守ったことでなく、ルールを破ったことが人々の記憶に残る」

ダグラス・マッカーサーの言葉である。ルールとは先人が足跡として後塵に残したノウハウに過ぎない。ノウハウの陳腐化を知らず、聖典として妄信している限りは、組織も作品も変えることはできない。

土屋氏が「報連相が日本を滅ぼす」と指摘するように、また木谷氏が「出された問題を解いているからダメなんだ」と言うように、時にはルールを破ることでみえる世界がある。今は狂気にしか感じないとしても、次の時代にはそれがルールとなるかもしれない。ルールに挑み、ルールを壊し、新しいルールを作れる。そうした仕事人を許容する組織が、日本のエンターテイメント業界に1社でも多く現れることを期待して。

あとがき

私は『オタク経済圏創世記』（２０１９）、『推しエコノミー』（２０２１）などの著作をエンタメ社会学者として世に送り出してきた。それらはＤｅＮＡやバンダイナムコ、ブシロードでのゲーム、アニメ、キャラクター作品の海外展開の実業経験をもとに、日本のエンタメの歴史や海外におけるポテンシャルを研究した成果でもある。本書はこれらの作品のスピンアウト的な位置づけである。

２０２１年夏、私はエンタメ成功作品の再現性を高めるコンサルティング会社としてRe entertainmentを創業し、海外展開を考えるゲーム会社、出版社、音楽レーベル、マーチャンダイジング、商社、代理店などのクライアントを支援するようになった。すると彼らから問われることは、いつもだいたい同じ。

「海外の市場はわかった。海外でうまくいっている作品もわかった、それじゃあウチの会社の誰を使って、どう作ったら、それは実現するの？」

業界によって、展開地域によって、その企業の体制によって、回答は違ってくる。大ぐくりな業界・市場理解と成功例だけでは回答することはできない。

そこで私は業界関係者へのインタビューを始める。餅は餅屋で、実際に作って当てた人に、その瞬間、どんな体制で、どんな役割で、それが実現したのかを聞いてまわることだった。

1人1人と対面でじっくり話すことで、自分がいなかった時代、経験していないシチュエーションであっても、ある程度の手ごたえをもってその成功法則を抽出することができる。少なくとも私自身が作ったり、当てたりした経験をレファレンスに、何が足りなかったのかをつまびらかにすることができる。余人をもってかえがたい先人たちから、多くの学びを得ようと考えた。

インタビューの始まりは齋藤英介さんである。世界に覇するアジアの星となったBTSを日本に持ち込んだ第一人者に話を聞かなければ、というところから始まり、だったら音楽だけでなく、ゲーム、マンガ、アニメ、映画、テレビなど主なエンタメ分野の凄腕プロデューサーからも話を集めてしまおうと2人で共謀し、ツテをたどってインタビューを始めた。こうして想像もしていなかった豪華な陣容のインタビュー本が出来上がった。

6人の方々へのインタビューは、私自身が学生時代にユーザーとして熱狂していたものの裏側や設計図を分解して見せてもらうことでもあり、刺激的で面白い話ばかりだった。

カラオケ歌唱のためにサザンを聞き、毎週土曜に並んで手に入れた『少年ジャンプ』で最初にページを開くのは『ドラゴンボール』。『ドラゴンクエスト』や『クロノ・トリガー』に費やした時間は数百時間ではきかないはずだ。学校に行くと『電波少年』や『悪霊学園』の話が飛び交っていて、同い年だった広末涼子のデビューは衝撃的だった。『ストリートファイターⅡ』はゲームセンターで100円玉を並べて技を磨いた。初めて秋葉原に行って見たメイドカフェや『デ・ジ・キャラット』も衝撃があった。

あの時代の興奮は、今、目の前にいる人が作り上げてきたものなのだ。個の狂気と情熱によってチームや組織を引っ張り、作り手と受け手が地続きの道でつながった結果として、日本のエンタメ産業を輝かせたのだ。私自身、インタビュアーとしての役割を放棄して、聞きほれてしまうこともしばしばだった。そしてあのすごい作品は、様々な偶然の重なりの末に、必然としての1人の人間の手から発せられたものなのだ。この当たり前の事実に震撼した。

自らの手で築きあげた成功体験こそが、その後のキャリアや生き方、本人の性格をも規定する。おとなしく真面目であったはずの人材が、その「尖り」を発散する機会を得て大成功した末に、完全に振り切った「狂人」として、たぐいまれなる作品を生み出し続ける。6人は全員がサラリーマンや助手からスタートしているが、今となっては「雇われ」感を全く感じさせず、60~70代という現在の年齢に至っても色あせることのない野心やギラつきを発している。驚くべきは、その若い時代の成功体験そのものだけでなく、今現在においても現役で創作を続け、果敢に挑戦し続けるその姿勢だろう。

土屋敏男様、鳥嶋和彦様、岡本吉起様、木谷高明様、舞原賢三様、齋藤英介様。本書はこの方々の経験と血肉によって生み出されたものである。6人の方々とその生み出された作品に深く敬意を表するとともに、最後に改めてご協力いただいたことへの感謝を申し上げたい。

中山淳雄

2022年12月

著者紹介

中山淳雄（なかやま・あつお）

エンタメ社会学者
Re entertainment代表取締役

1980年栃木県生まれ。東京大学大学院修了（社会学専攻）。カナダのMcGill大学MBA修了。リクルートスタッフィング、DeNA、デロイト トーマツ コンサルティングを経て、バンダイナムコスタジオでカナダ、マレーシアにてゲーム開発会社・アート会社を新規設立。2016年からブシロードインターナショナル社長としてシンガポールに駐在し、日本コンテンツ（カードゲーム、アニメ、ゲーム、プロレス、音楽、イベント）の海外展開を担当する。早稲田大学ビジネススクール非常勤講師、シンガポール南洋工科大学非常勤講師も歴任。2021年7月にエンタメの経済圏創出と再現性を追求する株式会社Re entertainmentを設立し、現在はエンタメ企業のIP開発・海外化に向けたコンサルティングを行うと同時に、ベンチャー企業の社外役員（Plott社外取締役、キャラアート社外監査役）、大学での研究・教育（慶應義塾大学経済学部訪問研究員、立命館大学ゲーム研究センター客員研究員）、行政アドバイザリー・委員活動（経済産業省コンテンツIPプロジェクト主査）などを行っている。著書に『推しエコノミー』『オタク経済圏創世記』（以上、日経BP）、『ソーシャルゲームだけがなぜ儲かるのか』（PHPビジネス新書）、『ボランティア社会の誕生』（三重大学出版会、日本修士論文賞受賞作）などがある。

Re entertainment HP：
https://www.reentertainment.online/

Twitter：
https://twitter.com/atsuonakayama

エンタの巨匠

世界に先駆けた伝説のプロデューサーたち

2023年1月30日　第1版第1刷発行

著　者　　中山淳雄
発行者　　村上広樹
発　行　　株式会社日経BP
発　売　　株式会社日経BPマーケティング
〒105-8308　東京都港区虎ノ門4-3-12
https://bookplus.nikkei.com/
装　丁　　坂川朱音
制作・図版作成　　朝日メディアインターナショナル株式会社
編　集　　長崎隆司
印刷・製本　　中央精版印刷株式会社

本書籍に関するお問い合わせ、ご連絡は下記にて承ります。
https://nkbp.jp/booksQA

Printed in Japan
ISBN978-4-296-00126-2